장도리의 대한민국 생태보고서

나는99%다

장도리의 대한민국 생태보고서

나는 99%다

박순찬 지음

ㅂㅣㅇㅏㅂㅜㄱ
ViaBook Publisher

작가의 말

화장을 지우고 '생얼'을 들추며

이 책은 2010년 1월부터 2012년 6월까지 약 400여 개의 시사만화 〈장도리〉 연재분을 정리해 묶은 것입니다. 생략과 함축이 많은 시사만화의 특성상 상당 기간이 지난 뒤엔 만화의 내용을 이해하기 힘든 경우도 있어 만화의 소재가 된 뉴스와 당시 이슈가 되었던 사건들을 같이 정리하였습니다. 또한 만화를 구상하게 된 동기나 만화에서 미처 표현하지 못한 내용들을 추가하여 독자들께서 지난 만화들을 감상하는 데 따르는 불편함과 지루함을 최소화하도록 노력하였습니다.

지나간 신문들을 정리하다 보니 우리 사회가 역동적인 모습과 정체된 모습의 양면성을 갖고 있다는 사실을 발견하게 됩니다. 대한민국은 새롭고 충격적인 뉴스를 연일 생산해내지만 한편으로는 지루한 과거의 문제들로부터 벗어나지 못한 모습을 보여주기도 합니다.

하루가 멀다 하고 대통령 측근의 새로운 비리 사건이 터져 나오고 국민들은 분노합니다. 이미 오래전에 경험했던 일의 반복입니다.

새롭게 출시된 최첨단 스마트폰의 기능을 어렵게 배우고 나면 새마을운동의 '잘 살아보세'를 외치며 스마트폰으로 잔업을 해야 합니다.

무한 경쟁 신자유주의 세계화 시대에서 낙오자로 남지 않기 위해 영어 책을 붙들고 씨름하는 아이들의 교과서엔 아직도 친일파의 역사가 미화된 채 남아 있습니다.

변칙 상속과 비자금, 중소 협력 업체에 대한 불공정 거래와 골목 상권 장악 등 재벌이 보여주는 무소불위의 행태가 거침이 없습니다. 백성들의 고혈을 빨아 술잔을 기울이던 조선시대 세습 귀족의 행태에서 변한 것은 아무것도 없습니다.

어쩌면 정신을 차릴 수 없을 정도의 역동성이 우리 사회의 진보를 가로막고 있는 것인지도 모릅니다. 우리 사회가 어떤 문제를 갖고 있으며 어떤 삶을 추구할 것인지에 대한 철학적 고민은 한 치 앞을 예상할 수 없는 전쟁터에선 사치스러운 일이기 때문입니다.

99%의 사람들이 전쟁터와 같은 변화무쌍한 환경 속에서 생계를 위해 분투하고 있는 덕택에 상위 1%는 그들의 기득권을 영원히 지속시키는 방법을 구상할 수 있는 여유를 확보합니다.

만화 매체가 갖고 있는 여러 가지 기능 중에는 복잡하고 길게 서술하지 않으면 안 되는 내용을 간단하고 빨리 이해할 수 있게 전달하는 기능이 있습니다.

매일 신문에 연재되는 시사만화의 역할 중 하나는 우리 자신들이 살아가는 모습과 처해 있는 상황을 짧은 시간 안에 되돌아볼 수 있는 기회를 제공하는 것입니다.

시사만화는 다른 만화들처럼 획기적 상상력이나 뛰어난 문학적 소양을 필요로 하지 않습니다. 단지 매일 벌어지는 일들을 사실 그대로 전달할 뿐입니다. 포장이 되어 있다면 포장을 벗겨내 들추어 보여주는 것이 시사만화가의 임무입니다.

단지 사실만을 표현할 뿐이지만 독자들은 시사만화에 대해 관심 어린 시선을 던지고 때로는 놀라워합니다. 그것은 그만큼 우리가 우리 자신의 삶을 돌아보기 힘든 전쟁터와 같은 일상 속에 놓여 있기 때문일 것입니다.

피곤에 지쳐 눈곱이 붙어 있는 자신의 '생얼'을 보는 것은 괴로운 일입니다. 마찬가지로 우리가 살아가고 있는 사회의 추악한 '생얼'을 보는 것도 곤혹스러운 일입니다.

많은 분들이 시사만화에 공감해야 하는 현실을 통탄해합니다. 시사만화의 소재가 떨어지는 날이 어서 왔으면 좋겠다는 반응을 많이 접합니다.

그러나 고통스럽더라도 우리가 처한 현실을 똑바로 살펴보고 잘못된 점이 있으면 스스로 바꾸어 나가는 것이 민주시민의 의무이자 권리입니다. 99%에 속해 있는 사람들이 99%에 속해 있다는 현실을 인식할 때 1%의 세력이 그들의 기득권을 천년만년 지속시키기 위해 99%의 권리를 침해하는 것에 저항할 수 있을 것입니다.

유쾌하지 않은 내용의 만화들, 그것도 이미 지나간 시사만화를 모아서 다시 본다는 것은 그다지 내키지 않는 일임이 분명합니다. 그럼에도 불구하고 두 번째 〈장도리〉 모음집을 내게 된 것은 하루뿐인 수명을 갖고 과거

속으로 잊혀져야 하는 슬픈 운명을 지닌 일간신문 연재작들을 되살려보고 싶은 작가의 욕심입니다. 더불어 날마다 충격적인 뉴스를 접해야 하는 사회 환경 속에서 망각되기 쉬운 우리의 현실들을 지난 만화를 통해 다시 조망해보는 의미도 있을 것이라는 기대감으로 출판하게 되었습니다.

어떠한 성역도 인정하지 않는 독립 언론 〈경향신문〉에서 근무한다는 것은 시사만화가로서 크나큰 행운입니다. 항상 곁에서 격려해주시는 신문사 선후배들 덕택으로 용기를 얻습니다.

졸작을 모아 좋은 책을 만들어주신 한상준 대표를 비롯한 비아북 식구들께 감사의 말씀을 드립니다.

무엇보다 〈장도리〉를 애독해주시는 독자분들의 관심과 성원이 매일 〈장도리〉가 나올 수 있는 원동력이 됩니다. 시사만화에 대한 관심은 좀 더 상식적이고 건강한 사회를 바라는 독자들의 소망이라고 생각합니다. 그러한 소망을 가진 시민의 한 명으로서 오늘도 어제처럼 오늘보다 나은 내일을 희망하며 내일자 〈장도리〉를 그릴 원고지를 꺼냅니다.

2012년 7월
박순찬

장도리의 대한민국 생태보고서

나는99%다

차례

1장
재벌 천국, 서민 지옥
– 99%를 위한 나라는 없다

흑백 시대

할리우드의 3D 입체영화 〈아바타〉가 전 세계 관객들의 탄성을 자아내고 있습니다.
한국의 영화 산업 발전을 위해 애쓰시는 관료분들, 3D 영화를 보시려면 두 개의 눈이 있어야 합니다.
외눈박이로는 감상을 못한다구요.

닥치고 지지

북한 〈노동신문〉은 2010년 1월 9일, 북한 김정일 국방위원장이 '쌀밥에 고깃국'으로 요약되는 김일성 주석의 유훈을 관철
하지 못했음을 인정하면서 주민 생활 개선에 집중하겠다는 뜻을 밝혔습니다.
쌀밥에 고깃국 못 먹는 이웃 덕에 이곳의 권력층은 기득권을 유지하기가 누워서 떡 먹기입니다.

배부른 세균

다국적 제약사들이 신종플루 백신 판매로 막대한 이익을 챙기기 위해 신종플루 공포를 확산시켰다는 의혹이 유럽에서
제기되었습니다. 공포심을 이용하는 것이 돈이나 권력을 얻는 지름길인 모양입니다.
칼로 겁주는 강도들보다 꿈이 큰 사람들입니다.

할머니에 대한 차별

새벽 시장 할머니께, 국밥 집 할머니께, 할머니가 계신 곳은 목도리 들고 카메라와 함께 어디든지 달려갑니다.
가기 싫은 곳은 빼고 말입니다.

기득권 강부자 주식회사

임직원들은 열심히 일하고 주주들은 흐뭇한 미소를 짓습니다.
대한민국을 소수 기득권층의 이익을 위한 기업으로 전락시킨 분이 뛰어난 경영 수완을 발휘한 덕분입니다.

지진도 바꾸지 못한 삶

남미의 가장 가난한 섬나라 아이티에서 강진이 일어나 수많은 사람들이 희생되었습니다.
언론을 통해 전달되는 참상은 전 세계 시민들의 구호 활동을 이끌어내고 있습니다.
그러나 일상적인 참상에 관심을 기울이는 사람들은 많지 않습니다.

소나 장군님이나

〈PD수첩〉제작진 다섯 명은 정부의 쇠고기 협상단의 명예를 훼손하고 업무를 방해한 혐의 등으로 2009년 6월 불구속
기소돼 징역 2~3년을 구형 받았으나 법원에 의해 무죄가 선고되었습니다.
미국교 신도들이 큰일 났다며 아우성입니다.

카스트 동반국

이명박 대통령이 인도 국빈 방문에서 양국 관계를 '장기적 협력 동반자관계'에서 '전략적 동반자 관계'로
격상키로 합의했다는 보도입니다. 부와 빈곤이 대물림되는 계급사회적 동반자 관계는 끈끈합니다.

잔업패드

'아이패드' 발매 소식을 접하였습니다. 귤이 회수를 건너면 탱자가 된다는데, '아이패드'가 태평양을 건너면 '잔업패드'가 되지는 않을까 우려됩니다.

그때 그때 달라요

이명박 대통령은 주요 대학 총장 초청 간담회에서 "정부가 등록금 올리고 제한하는 것에 원칙적으로 찬성하지 않는다. (대학이) 스스로 자율적으로 하는 게 좋다"고 밝혔습니다.
한나라당의 대선 공약인 반값 등록금은 당선 후에 폐기 처분되었고……. 참 실용적인 공약입니다.

너나 잘하세요

이렇게 소비자 입장에서 만들어진 핸드폰이 있다니! '아이폰'을 접한 소비자들은 놀라움을 금치 못합니다.
오랫동안 봉 취급만 당하던 소비자들의 눈을 뜨게 해주었으니 심청이와 다름없습니다.
이제 애국심에 기댄 안일한 마케팅은 더 이상 통하기 힘든 시대가 왔습니다.

추노

전교조와 전공노의 정치 활동 의혹을 수사해오던 경찰이 민주노동당의 정치자금 내역까지 뒤지고 나서 과잉 수사 논란이
일고 있습니다. 한국의 수사기관은 '노'를 좋아합니다.

출산율도 진압?

아기 울음소리는 줄어들고 노인들의 한숨 소리만 늘어나고 있는 대한민국입니다.
정부는 출산 장려책을 찾아보지만 답이 나오질 않습니다.

맨발의 청춘

이명박 대통령은 청와대에서 열린 국가고용전략회의에서 청년 실업 문제와 관련해 "청년 실업 문제 해결을 위해 정부가
아주 세세한 부분까지 다 챙겨줄 수는 없다. 가장 중요한 것은 본인들의 자활 노력"이라고 말했습니다. 단, 심기를 건드리
지 않는 범위 안에서 노력하란 말이겠지요.

막장 교육 드라마

중·고교 졸업식에서 벌어지는 온갖 해괴한 행태들은 아이들이 겪어온 입시 지옥을 표현하는 퍼포먼스로 보이기도 합니다. 누군가에게는 지옥이지만 누군가에겐 돈다발이 쏟아지는 천국입니다.

배삼룡은 웃기고 정부는 울린다

코미디계의 큰 별이 떨어졌습니다. 엄혹했던 군사정권 시절, 국민들의 얼어붙은 얼굴을 웃음 짓게 했던 배삼룡 씨는 한국 코미디 역사에 거목으로 영원히 서 있을 것입니다.

아마존의 눈물

MBC 창사 특집 5부작 다큐멘터리 〈아마존의 눈물〉이 시청률 대박을 터뜨립니다.
한국 다큐멘터리사의 경이적인 사건이라고 하는데 시청자들과 무언가 공감대가 형성되었기 때문인지도 모르겠습니다.

또 다른 사형

헌법재판소는 사형 제도가 인간의 존엄과 가치를 부정한다며 광주고등법원이 제청한 위헌법률심판에서 합헌 결정을 내렸
습니다. 14년 전에도 합헌 결정이 내려진 바 있습니다. 이에 따라 사형제는 법률로써 여전히 효력을 발휘하게 됐습니다.

역사의 죄인

역사는 우리가 누구인지, 우리가 살고 있는 시대가 어떤 시대이며 우리는 무엇을 해야 하는지를 가르쳐줍니다.
그래도 돈벌이가 되지 않으면 대한민국에서는 찬밥 신세입니다.
삼일절을 맞이하여 구석에 처박힌 국사 책에 시선을 던져보았습니다.

가치

아이티의 눈물이 마르기도 전에 칠레에서 규모 8.8의 강진이 발생하였습니다. 대만에서도 강진이 발생하여 많은 인명 피해
를 낳았습니다. 전 세계적으로 재난이 끊이지 않습니다. 무자비한 자연의 공격은 오만하고 착각에 빠진 인간에 대한 경고이
기도 할 것입니다.

중독 권하는 사회

인터넷 게임에 빠진 부모가 생후 3개월 된 딸을 방치, 굶어 죽게 만든 사건이 일어납니다.
보릿고개 시대를 종식시켰다고 해서 굶어 죽는 사람이 없어지는 건 아닙니다.

간신은 비를 세워 기억케 하라

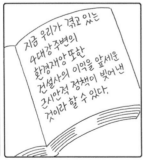

국민을 두려워하지 않습니다. 물대포가 있으니까.
언론을 두려워하지 않습니다. 낙하산 사장이 있으니까.
역사를 두려워하지 않습니다. 입시에 필수가 아니니까.

또 다른 무소유

"많이 갖고 있다는 것은 그만큼 많이 얽혀 있다는 것입니다." 무소유의 정신과 삶을 상징하는 법정스님이 입적하셨습니다.
지당하고 상식적인 말씀이지만 천민자본주의, 물신주의가 팽배한 한국 사회에서는 외계어로 들릴 뿐입니다.

부처님은 통탄, 예수님은 통곡

법정스님을 추모하는 스님들, 성경 들고 교회 가시는 장로님, 종교인으로서 취해야 할 태도가 어떤 것인지 헷갈리지 않게
보여주시기 바랍니다.

좌파 청소

이명박 정부가 들어서고 가장 심혈을 기울인 사업이 잃어버린 10년 찾기와 좌파 청소일 것입니다.
청소 결과 우리 사회의 모습을 온몸으로 경험하고 있습니다.

씨X 국격

"대학살이 시작됐다. 이번 인사는 MBC 김재철 사장 혼자 한 게 아니라 큰 집도 김 사장을 불러다가 '조인트' 까고 (김 사장이) 매도 맞고 해서 만들어진 인사"라는 인터뷰 파문으로 방송문화진흥회 김우룡 이사장이 사퇴합니다. 대통령 각하께서 강조하는 국격이 이런 것이었군요.

뜬금없이 삽질

   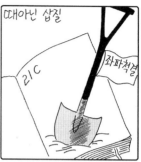

MBC 낙하산 사장의 좌파 대청소 파문에 이어 정권에 비판적인 스님을 밀어내기 위한 안상수 한나라당 원내 대표의 봉은사 직영 사찰 전환 압력 행사가 큰 파장을 불러일으킵니다. 정권에 우호적이지 않으면 좌파 빨갱이로 몰아 처단하는 시대가 대를 이어 지속되고 있습니다.

용꿈보다 개꿈

이건희 씨가 김용철 전 삼성 법무팀장의 비자금 폭로에 따른 특검 수사로 2008년 4월22일 퇴진을 선언한 이후 23개월 만에 삼성전자 회장 직함으로 경영 일선에 전격 복귀합니다.
회장님의 복귀를 찬양하는 목소리가 전국에 울려퍼지고 있습니다.

재벌공화국

함께 사는 법을 잃어버린 재벌들은 서민의 피와 땀으로 자신들의 배를 불립니다.
정권이 바뀌어도 자본 권력은 건재합니다. 죽지 않는 권력의 모습을 그려봅니다.

상속

2010년 10월 14일

어느 재벌의 시

2010년 10월 19일

깃털도 깃털 나름

2012년 3월 24일

상속

개미들을 죽음으로까지 내모는 주가 폭락은 재벌들의 상속이나 증여 측면에서 세금을 크게 줄일 수 있는 좋은 기회가 됩니다. 인정 사정없기는 남이나 북이나 마찬가지입니다.

어느 재벌의 시

'엄마가 있어 좋다. 나를 예뻐해주어서. 냉장고가 있어 좋다. 나에게 먹을 것을 주어서. 강아지가 있어 좋다. 나랑 놀아주어서. 아빠는 왜 있는지 모르겠다.' 어느 초등학교 2학년 학생의 시가 인터넷에서 화제가 되었습니다.

깃털도 깃털 나름

야권 단일 후보 경선에서 여론조사 조작 파문으로 통합진보당 이정희 대표가 후보직을 사퇴합니다. 도덕성을 무기로 하는 진보 정치인은 그 도덕성이 훼손됐을 때 정치인으로서의 생명을 잃게 됩니다. 돈을 위해 복무하는 집단들의 끈질긴 생명력과 비교되는 모습입니다.

너에겐 위기, 나에겐 기회

"지금이 진짜 위기다. 글로벌 일류 기업들이 무너지고 있다. 다시 시작해야 한다. 머뭇거릴 시간이 없다. 앞만 보고 가자."
이건희 회장은 이렇게 위기를 강조하며 경영 일선으로 복귀합니다. 그렇다고 아무나 위기의식 조장하면 감옥 갑니다.

어렵지 않아요

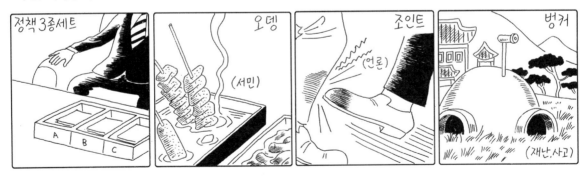

서민들 살기 힘드시다구요? 오뎅 사먹겠습니다.
언론이 말을 안 들을 땐 조인트를 까주면 됩니다.
천안함이 침몰했습니다. 벙커로 들어가겠습니다.

확실한 의무, 희미한 권리

천안함 침몰 사고에 대해 국민들은 정보 공개 요구를 쏟아내지만 정부와 군은 보안 통제 입장만을 고수하고 있습니다.
국민들에겐 알 권리는 없고 군복무의 의무만이 있을 뿐입니다.

못하는 게 없는 북

전쟁 중에 군인은 지휘관의 명령에 무조건 복종해야 하며 대오에서 이탈하는 것은 결코 허용되지 않습니다.
남과 북이 총부리를 겨누고 있는 현실을 이용해 나라 전체를 병영으로 만들어 손쉽게 끌고 가려는 사람들이 있습니다.

두 개의 군인 정신

천안함 실종자를 수색하다 차갑고 거친 백령도 앞바다에서 순직한 고 한주호 준위를 보며 국민들은 더욱 안타까운
눈물을 흘립니다. 정치군인들이 정권을 잡고 쏘아대던 최루탄에 흘리던 눈물과는 많이 다릅니다.

비극

우리에겐 분단의 상처, 빈부 격차의 상처 등 아물지 않은 상처가 많습니다. 아물기는커녕 갈라진 상처 위로 재를 뿌려
두 동강 난 채 살아가도록 요구하는 세력들이 이 땅을 점령하고 있습니다.

별들의 잔치

국토를 방위하며 국민의 생명과 재산을 보호하고 나아가 국제평화의 유지에 이바지함을 그 사명으로 할 때 계급장의 별은 반짝입니다. 오염에 찌든 도심 하늘에서는 반짝이는 별이 보이지 않습니다. 한국 군대에는 냄새나고 먼지 묻은 별들 천지입니다.

스폰서

우리 주변에는 북한 덕에 먹고 사는 사람들이 많습니다.
검찰 스폰서의 향응, 성 접대 사건으로 떠들썩할 때 그들의 진정한 스폰서가 누군지 생각해봤습니다.

애국기업

2010년 4월 27일

코트라가 세계 33개 국 8,000여 명을 상대로 우리나라 기업의 브랜드 이미지를 조사했는데 26%의 사람들이 삼성을 일본
기업으로 알고 있었습니다. 이 사실에 대해 삼성이 기뻐하고 있을지 슬퍼하고 있을지 모르겠습니다.

뚝!

2010년 4월 28일

새벽 시장에서 고생하는 할머니, 천안함 순직 용사들······. 대통령을 눈물짓게 합니다.
카메라는 돌아가고 지지율은 오릅니다. 눈물도 실용적으로 흘리십니다.

판타스틱 판타지

천안함 사고에 대한 일부 언론의 보도 행태가 점입가경입니다.
신문을 보고 있는 것인지 공상과학소설을 보고 있는 것인지 착각하게 만듭니다.

한국이 봉이야!

멕시코만 원유 유출 사고를 일으킨 회사들에 손해배상 소송이 잇따르고 있습니다. 영국의 석유회사 BP는 모든 피해를 배상
하겠다는 입장입니다. 결국 2012년, BP는 피해자들과 78억 달러 규모의 피해 배상에 합의합니다. 외국 이야기입니다.

탈 쓰다 탈 난다

서민의 탈

언론의 탈

검찰의 탈

'보수'라는 탈도 많이들 쓰지

개인과 친인척의 이익을 위해서라면 불법과 탈법을 서슴지 않는 사람들이 각종 탈을 쓰고 자신들의 행동을 정당화하고 있는 현실입니다. 정체가 뭔지 탈탈 털어봐야 합니다.

강도는 표를 좋아해

BANK

돈 내놔

여긴 선거철만 되면
반공 집권당

표 내놔
北 위협론

선거철만 되면 후보들이 뛰고 있는 경기장에 약방의 감초처럼 빠지지 않는 존재가 있지요. 바로 '북풍'입니다. 국민 의식의 성숙으로 과거보다는 그 영향력이 많이 줄어들어 권력층이 북한을 이용할 필요가 없어 보이지만 제 버릇 개 못 주는 법입니다.

리베이트라도 주지 그래

6.2 지방선거를 앞두고 천안함이 북한 어뢰 공격으로 침몰했다는 조사발표와 함께 대대적인 안보 정국 조성으로 여당 후보들의 표정이 밝습니다. 김정일이 남쪽 권력자들을 먹여 살립니다.

선거에 대처하는 그들의 자세

권력에 장악된 방송 화면이 천안함 사태 대국민 담화 중인 대통령 각하의 모습으로 가득합니다. 남북 교류 전면 중단과 유엔을 통한 대북 제재 강화 등 한반도에 찬바람이 몰아치니 노무현 전 대통령 1주기 추모를 위해 모이려는 촛불들이 힘없이 떨립니다. 게다가 민주노동당 가입 혐의로 기소된 교사들과 공무원들은 파면, 해고 등의 징계를 받고 있습니다.

그냥 말아먹는구나

대통령께서는 오뎅 꼬치와 국밥 등 서민적 입맛을 갖고 계십니다.
다만 제발 오뎅만 꽂아 드시고 국밥만 말아드시길 바랄 뿐입니다.

호박에 줄 긋기, 걸레 빨아 행주 만들기

소수 재벌을 위해 다수의 노동자 서민들의 희생을 요구하는 정치권력을 대다수 서민들이 지지합니다.
노동자들의 노력으로 나라 경제의 파이를 키우면 결국 그 과실이 돌아올 것이라는 권력층의 최면이 통한 모양입니다.

시간제 노예

교수 임용 탈락을 비관해 자택에서 스스로 목숨을 끊은 어느 대학 시간강사는 교수 채용 과정에서 수억 원의 돈이 오갔고,
논문 대필도 광범위하게 이뤄지고 있다는 등의 교수 사회 비리를 폭로하는 유서를 남겼습니다.
대학이라는 바위에 던져진 하나의 계란이었습니다.

누군가의 희생

우리가 지금 누리고 있는 민주주의는 공짜로 얻은 것이 아니라 오랜 역사적 투쟁 과정을 거치면서 조금씩 쟁취해낸
것입니다. 그리고 지금도 더 나은 민주주의를 위해 누군가는 피를 흘리고 있습니다.

날지 못하는 나로호

한국의 첫 우주 발사체 나로호가 이륙 2분여 만에 폭발하여 추락하자 시민들은 안타까운 마음을 감추지 않고 있습니다.
반면 과학기술계 종사자들은 담담한 표정입니다. 이공계와 과학에 대해 무관심한 사회적 환경 속에서는 당연한 결과라고
생각하는 것일까요?

과학이 과학이 아니야

대한민국 정부가 UN 안전보장이사회에 천안함 사건을 회부한 가운데, 참여연대가 이에 대한 의혹을 안전보장이사회에
제출하였다고 하여 이적 행위 논란이 일고 있습니다. 과학이란 모든 현상에 의문을 갖는 것에서부터 출발하는 것인데 의문
을 가질 수도 없는 나라에서 로켓 발사 성공의 꿈만 꾸고 있습니다.

뛰는 놈 위에 나는 기술

"우린 왜 이런 것 못 만드는가?" 이명박 대통령이 일본 닌텐도사의 게임기를 보고 하신 말씀입니다.
뭐 일본의 극우세력들도 부러워하는 기술을 갖고 계시잖아요.

독재의 추억

한 민간기업의 대표 김종익 씨는 '쥐 코' 동영상을 링크했다는 이유로 사찰을 당하고 운영하는 회사의 회계 관련 자료들을
강제로 회수 당합니다. 회사 직원들은 국무총리실로 불려가 취조를 당하기도 합니다. 총리실의 민간인 불법 사찰을 주도한
것으로 확인된 이인규 공직윤리지원관은 정부 부처 내 포항·영일 출신 공무원 모임인 '영포회' 회원으로 밝혀집니다.

그때 그 시절

하나회 같은 사조직이 나라를 주무르고 대통령을 닮았다는 이유만으로도 방송 출연이 금지되며 미운털은 소리 소문 없이 남산으로 끌려가 고초를 당하던 시절이 있었습니다. 지금도 영포회라는 사조직이 맹위를 떨치고 정권에 비판적인 연예인이 출연 정지를 당하며 민간인은 사찰을 당합니다.

포장공화국

삼성전자가 반도체 공장 등에서 일하다 백혈병과 같은 질환을 얻어 산업재해 인정 절차를 밟는 노동자들에게 거액의 합의금을 조건으로 산재 포기를 종용합니다. 병으로 숨진 노동자의 유족이나 투병 중인 노동자와 가족들은 "삼성이 수억 원의 돈을 제시하며 산재 신청을 포기하고 시민단체와 접촉하지 말라고 회유했다"고 증언합니다.

그만 좀 하면 안 되겠니?

안상수 의원이 한나라당의 새 대표로 선출되는데, 대통령과 같은 군 면제입니다.
집권당에 계신 분들 하나같이 피부가 좋고 매끄러워 미꾸라지처럼 잘 빠져나갑니다.
괜히 '웰빙당' 소리 듣는 것이 아닙니다.

우상 타파

북에서 김일성, 김정일 부자를 신격화함으로써 권력을 향유하는 세력들이 있듯이 남에선 아파트 신화를 만들어 불로소득을
얻는 투기 세력들이 이 나라를 주무르고 있습니다.

오십보백보, 개나 소나

"한나라당을 찍으면 전쟁이고 민주당을 찍으면 평화라는 야당 구호에 친북 성향의 젊은이들이 다 넘어갔다. 이런 정신 상
태로는 나라가 유지되지 못한다. 그렇게 좋으면 김정일 밑에 가서 어버이 수령하고 살아야지."
유명환 외교통상부 장관의 말씀입니다.

깜짝쇼

40대의 김태호 씨가 국무총리 후보로 깜짝 지명됩니다. 3공화국 이후 처음 있는 이례적인 일인 만큼 이는 '40대 기수론'에
불을 지피고 향후 대권 구도에 변화를 예고하며 큰 파장을 일으킵니다. 그러나 위장 전입과 거짓말로 인사 청문회의 관문
을 통과하지 못하고 결국 낙마합니다.

겉과 속

서울 한복판에서 달리던 시내버스가 폭발하여 승객과 행인들이 크게 부상을 입는 사고가 일어납니다.
친환경 천연가스버스 속에 폭탄이 들어 있을 것이라고 누가 생각했겠습니까.
우리 주변엔 속을 알 수 없는 것들이 너무나 많이 있습니다.

묵어야 장맛?

바늘 도둑일 때 미리미리 단속하고 엄벌에 처하면 소도둑이 되는 것을 예방할 수 있을 것입니다. 그러나 살아 있는 정권에
는 손을 대지 않고 죽은 정권이 될 때까지 비리를 키우는 것이 여러모로 좋은 모양입니다.

일하란 말이야

국가와 경제라는 이름하에 노동자는 희생을 강요당해왔습니다.
정당한 권리를 주장해도 죄를 덮어써야 하는 노동자의 삶이 안타깝습니다.

노동
탄압
특집

금준미주(金樽米酒)는 천인혈(千人血)

2010년 5월 1일

그들만의 정의

2011년 6월 2일

일진회

금준미주(金樽米酒)는 천인혈(千人血)

검사 스폰서 향응 폭로 사건으로 국민들의 분노가 하늘을 찌르고 있는 가운데 노동절 120돌을 맞이합니다. 지금 이 시간에도 정당한 대우를 받지 못하는 수많은 노동자들의 피땀이 룸살롱의 술잔으로 맺혀들고 있습니다.

그들만의 정의

이명박 대통령이 유성기업 파업과 관련, 라디오 연설을 통해 "연봉 7,000만 원을 받는 근로자들이 불법 파업을 벌이는 안타까운 일이 있다"고 말해 노동계의 거센 반발을 불러일으킵니다. CEO 출신 대통령의 비뚤어진 노동관을 보여주는 발언입니다.

일진회

중학생이 동료들의 괴롭힘을 견디지 못하고 자살한 사건으로 학교 폭력 퇴치에 대한 여론이 높아집니다. 경찰은 학교에서 폭력을 일삼고 금품을 갈취하는 일진회들에 대한 검거에 나섭니다. 그러나 우리 사회에는 그보다 훨씬 더 무서운 노동자 잡는 일진회가 있습니다.

그렇게 만만하니

미 국무부는 한미연합 군사훈련을 발표하면서 동해가 아닌 일본해가 정부 공식 표현이라는 입장을 보입니다.
일본 총리는 한국 강제병합 100년 담화에서 알맹이 빠진 사과를 늘어놓습니다.
8.15 광복절을 앞둔 대한민국 국민들에게 던져준 선물입니다.

공포 사회 구현

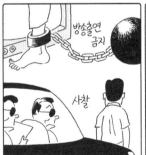

이명박 대통령이 제65주년 광복절 경축식에서 집권 후반기 국정 운영의 핵심 가치로 '공정한 사회'를 제시하고 사회 모든
분야에서 이 같은 원칙이 지켜지도록 노력하겠다고 밝혔습니다.
어디서 많이 보던 스타일의 캐치프레이즈입니다.

그 나물에 그 밥

2010년 8월 18일

청계천을 비추는 화려한 조명이 시민들의 표심을 자극했습니다. 이명박 대통령의 서울시장 재임 시절의 파이시티 인허가 비리 사건과 대선 자금 관련 연기가 굴뚝에서 피어오릅니다. 서울시장이란 자리는 서울시민을 위한 자리가 아닌, 대통령이 되기 위한 발판이라는 것을 가르쳐주십니다.

이란성쌍생아?

2010년 8월 19일

이명박 대통령은 제65주년 광복절 기념식에서 남북 통일 시대에 대비한 재원 마련 방안으로 '통일세' 신설을 논의할 것을 제안했습니다. 정부의 대북 강경 기조와 함께 남북 관계가 경색된 상황에서 느닷없는 통일세 제안에 대해 국민들의 반응은 냉담하기만 합니다.

'공정'의 MB적 정의

이 정부에서 임명하는 관료들은 너 나 할 것 없이 땅 투기, 위장 전입 등의 이력을 갖추고 있습니다.
임명권자와의 형평성을 감안한 공정한 인사입니다.

말발은 어떻게 서는가?

반대 여론에도 불구하고 고집스럽게 땅 투기, 탈세, 위장 전입, 병역기피 등의 흠결을 갖춘 인사들을 골라 고위 공직에 발
탁하는 이유가 뭘까요? 그 깊은 뜻을 헤아려봤습니다.

이제 반만 남았다

임기 반환점을 맞는 청와대의 표정이 그리 밝지만은 않습니다. 대통령이 임명한 총리, 장관 후보자들의 각종 흠결이 인사 청문회에서 드러나 후반기 정국 주도가 뜻대로 되지 않을 조짐입니다. 국민의 뜻을 거스른 데 대한 당연한 보답이겠지만 말입니다.

욕의 달인

조현오 경찰청장 내정자는 오열하는 천안함 유족들에 대해 "국민들도 선진국 국민이 되려면 격이 높게 슬퍼할 줄 아는 그런 것도 필요할 것 같다. (…) 동물처럼 울부짖고 격한 반응을 보이는 걸 언론에서 보도해선 안 된다 생각한다"고 말했습니다. 국밥집 욕쟁이 할머니의 욕을 들으며 출범한 이명박 정부의 막말 행진이 계속되는 가운데 국밥집 폐업 위기의 소식이 들립니다.

아수라 백작

이재오 특임 장관이 연일 허리의 유연함을 자랑하고 있습니다. 보는 사람마다 허리를 폴더형 휴대폰처럼 접는 90도 인사를 하고 있습니다. 낮은 자세를 고수한 까닭인지 특임 장관 인사 청문회는 아주 수월하게 통과했습니다. 이재오의 정치 행보는 90도 이상의 변화무쌍입니다.

공장 사회

재벌을 위한 정책, 재벌 회사에 들어가기 위한 교육, 재벌 광고로 운영되는 언론, 모든 것이 재벌 중심으로 돌아갑니다.
대통령께서 연일 강조하시는 공정 사회보다는 재벌이 정한 맞춤형 공장 사회에 가까운 현실입니다.

흐르지 않는 것들

서울에 내린 집중호우로 광화문 일대가 속수무책으로 물에 잠깁니다.
광화문 광장의 배수 체계 문제와 시멘트로 공사된 청계천 때문이라는 지적이 일고 있습니다.
물은 위에서 아래로 흐르게 마련입니다. 자연의 속성을 거스르는 것은 인간의 오만함뿐입니다.

지고는 못 살아

북한은 김정일 국방위원장의 3남 김정은에게 인민군 대장 칭호를 부여함으로써 3대 권력 세습 체제 구축에 공식 돌입합니다. 이에 질세라 대한민국 재벌 기업의 3대 세습 체제 구축 작업도 활발하게 진행 중입니다. '2등은 아무도 기억하지 않는다'는 광고 카피가 기억납니다.

대단한 능력자 나셨네

김황식 국무총리 후보자에 대한 인사 청문회에선 병역면제 사유가 된 부동시 진단에 대한 논란이 있었습니다.
우리나라 권력층엔 군대에 못 갈 정도로 허약하고 청문회에만 서면 기억상실증에 걸리는 분들이 많은데 밤거리는
VIP 룸살롱의 불빛으로 가득합니다.

양배추가 기가 막혀

이명박 대통령 각하께서는 장을 보러 마트에 다녀오신 김윤옥 여사께서 한 포기에 1만 원을 훌쩍 넘는 배춧값에 놀랐다며
가격 폭등에 대한 우려를 전하자 친히 청와대 주방장을 부르시어 "배추가 비싸니 내 식탁에는 배추김치 대신 양배추 김치
를 올리라"고 지시하시었습니다.

이 자식! 이 짜식! 이 새끼!

2010년 10월 6일

국회 국방위원회 국정감사에서 현역 장성의 아들 중 자대 배치된 육군 사병은 18.7%만 보병·포병·기갑병 등 전투병으로 근무하고 있는 것으로 드러나 부대 및 주특기 배정 과정에서 장성 자제들이 특혜를 받고 있다는 의혹이 제기됩니다.

면제는 달라

2010년 10월 8일

국무총리 후보자 병역 논란에 이어 김성환 외교통상부 장관 후보자의 병역 회피 의혹이 인사 청문회에서 불거집니다. 대통령에서부터 총리, 장관까지 병역면제자이니 병역면제 경력은 한국에서 신분을 나타내는 징표가 되었습니다. 유명환 전 외교통상부 장관은 딸의 외교부 취업 특혜 논란으로 물러난 바 있습니다.

부럽지 않아요

김정일 국방위원장의 3남 김정은이 인민군 대장 칭호를 부여받은 뒤 노동당 창건 65주년 군부대 열병식에서 주석단에 등장함으로써 후계 공식화를 대내외에 천명합니다. 왕의 아들이라는 이유로 최고 권력을 승계 받는 왕조국가의 젊은 통치자를 부럽지 않은 눈길로 바라보는 분이 계십니다.

매국의 대물림

외환은행 헐값 매각을 주도한 혐의로 기소된 변양호 전 재정경제부 금융정책국장과 이강원 전 한국외환은행 은행장, 이달용 전 부행장이 헐값 매각 즉, 배임 혐의에 대해 대법원에서 무죄 확정 판결을 받았습니다. 성공한 헐값 매각은 처벌받지 않습니다.

박이나 환이나

전 전 대통령이 미납 추징금 1,672억 원 중 300만 원을 냅니다. 추징금에는 추징 시효라는 것이 있는데 추징금을 징수하지
못한 채로 3년이 경과하면 추징금이 없던 일로 되는 제도입니다. 추징금을 제대로 징수하지 못했다는 비판을 받아온 검찰이
추징 시효 만료가 다가오자 전 전 대통령 측을 압박했고 그래서 받아낸 돈이 300만 원이라고 합니다.

전쟁과 서민

글로벌 환율 전쟁의 상황에서 정부는 수출 대기업을 위해 비정상적인 저금리와 고환율 정책을 고집합니다. 그에 따른 고물
가 피해는 고스란히 서민들이 떠안게 됩니다.

프랑스와 한국

니콜라 사르코지 프랑스 대통령이 추진 중인 연금 개혁 법안에 반대하는 노조의 시위와 파업이 강도를 더해갑니다. 학생들
까지 가세한 시위는 자동차 전복, 상점 공격과 같은 폭력 양상을 띠고 있어 긴장감을 더욱 고조시키고 있습니다.

면제에도 급이 있다

김황식 국무총리가 65세 이상 노인들의 지하철 무료 탑승을 반대한다는 취지의 발언을 해 파장을 일으킵니다. 누군 군 면
제, 세금 면제 등 온갖 면제 혜택을 누리는데 힘없는 노인들은 지하철 요금도 면제받지 못한다니, 노인회뿐 아니라 수많은
시민들의 분노가 총리실을 찌릅니다.

정의란 무엇인가

마이클 샌델 교수의 《정의란 무엇인가》라는 책이 한국에서 돌풍을 일으키고 있습니다.
정의가 무엇인지 헷갈리게 하는 사람들 때문일 것입니다.

사대주의의 망령

시진핑(習近平) 중국 국가부주석이 6.25 전쟁에 대해 "평화를 지키고 침략에 맞선 정의로운 전쟁이다"라고 말합니다. 이와
관련해 외교통상부 장관이 "북한의 남침에 의한 전쟁이라는 것은 분명한 사실이고 변함없다고 생각한다"고 합니다.
보수층의 반발이 거셉니다.

쇼쇼쇼

태광, 한화그룹, 천신일 세중나모여행 회장에 대한 수사 등 검찰발 사정 한파로 기업과 여야 정치권이 떨고 있다는 보도입니다. 유전무죄 무전유죄 세상에서 국민들은 큰 기대도 하지 않지만 요란한 사정 정국을 가뭄 속 단비처럼 반기는 사람들도 있습니다.

누구를 위한 피자인가?

이마트가 내놓은 대형 피자의 인기가 식을 줄 모릅니다. 다른 대형마트에서도 경쟁적으로 대형 피자를 출시하고 있습니다.
내 몫의 파이 조각을 얻지 못한 것에 대한 서민들의 한풀이일까요. 피자 조각을 사려는 서민들의 줄이 길기만 합니다.

봉황의 뜻

빵집, 문방구, 떡볶이 집, 카센터, 신발 도매, 주류 도매 등 재벌 기업은 가리는 것이 없습니다.
오뎅, 떡볶이, 만두, 뻥튀기 등 가리지 않고 드시는 어느 분의 식성과 유사합니다.

매라는 이름으로

초·중·고교의 체벌 금지 조치에 대한 논란이 뜨겁습니다. 교육과정에서 행하는 체벌은 사랑의 매이기 때문에 금지해선
안 된다는 주장과 체벌도 폭력이라는 주장이 맞붙습니다. 분명한 건 매에는 역사적으로 다양한 수식어를 붙여왔다는 사실
입니다.

쥐판

KB한마음 김종익 대표는 자신의 블로그에 '쥐 코' 동영상을 링크해놓았다가 날벼락을 맞습니다. 회사 임직원들이 소환되어 조사를 받고 경찰 수사까지 받습니다. 지금 이 순간에도 권력의 감시를 받고 있다는 사실에 국민들은 온몸에 쥐벼룩이 돌아다니는 느낌입니다.

G(랄)20

G20 정상회의 개최 준비로 온 나라가 난리입니다. 경찰은 G20 준비로 민생 치안은 뒷전이고 서대문구에서는 음식물 쓰레기를 내놓지 말라는 어이없는 요구까지 나옵니다. 쥐20이 사람을 잡습니다.

병풍 치고 까꿍

G20 정상회의 개최를 앞두고 곳곳에서 노숙자에 대한 불심검문이 이루어지고 있습니다. 응하지 않는 경우 임의동행까지 당하는 상황입니다. 테러 및 소요 방지를 위한다는 정부의 강도 높은 안전 대책에 시민들은 불편을 호소하고 있습니다.

토사구팽

노인에 대한 지하철 무료 탑승을 비판해 물의를 빚었던 김황식 국무총리가 이번에는 극빈 노인층 복지와 관련, "가족 내 문제는 경제적 문제를 떠나 가족 내에서 서로 도와주는 사회가 건전한 사회를 위해 바람직하다고 본다"고 주장합니다. 노인복지에 대한 부정적 시각이 서민층들의 화를 돋웁니다.

다 갖다 바쳐

미국은 대한민국에서 무엇을 해도 괜찮은 걸까요? 아니면 그렇게 만드는 기득권 때문일까요?
대한민국을 팔아 자신의 배를 채우는 기득권이 보수는 아닐 겁니다.

쥐를 당신의 종으로 쓰소서

2011년 5월 26일

이쯤 돼야 보수

2011년 8월 6일

터

쥐를 당신의 종으로 쓰소서

주한미군이 1978년 경북 왜관의 캠프 캐럴에서 다량의 고엽제를 몰래 파묻었다는 전역 미군의 증언으로 전 국민이 큰 충격에 휩싸입니다. 이에 따른 진상 규명과 해당 지역 시민과 전문가들이 참여한 조사를 요구하지만 주한미군 측은 소파 규정을 앞세워 거부하고 있습니다.

이쯤 돼야 보수

한국 공군의 군사기밀을 미국 군수업체에 팔아넘긴 전직 공군 참모총장과 예비역 공군 수뇌부들이 검찰에 적발됩니다.
나라를 팔아넘겨 부와 권력을 얻은 친일파의 정신을 계승하는 것인가요?

터

서울 용산 국제업무지구에 들어설 주상복합아파트의 디자인이 9.11 테러 당시 화염에 휩싸인 세계무역센터 건물을 연상시킨다며 미국민들의 항의가 쏟아집니다. 이 건물을 설계한 네덜란드의 MVRDV는 9.11과의 관련성을 부인하며 설계 변경 요구를 일축합니다.

양적 완화의 두 얼굴

미국의 연방준비제도는 6,000억 달러 규모의 국채를 매입하는 방식으로 시중에 유동성을 공급하기로 했다고 발표합니다. 2008년 금융 위기 이후 두 번째 양적 완화 조치입니다. 반면 한국의 권력층은 각종 비리의 양적 완화 효과를 톡톡히 누리고 있습니다.

쥐구멍에도 볕 들 날 있다

경찰이 G20 정상회의 홍보 포스터에 쥐 그림을 그린 대학 강사 등 다섯 명의 배후를 캔다며 한 인문학 연구 모임에 대한 공안 수사를 벌입니다. 쥐 한 마리 그렸다고 공안 사범 대우를 받고 고초를 겪으니 그야말로 쥐님의 전성시대입니다.

찍쩍 찍쩍

광화문 복원을 G20 정상회의와 8.15 광복절에 맞추려 무리하게 공기를 앞당기더니 결국 석 달도 안 돼 광화문 나무 현판이 갈라지는 부실 공사의 실체가 드러납니다. 어디 광화문뿐입니까. 아파트 값 올려줄 것이라는 믿음에 부실 투표한 대가를 국민들은 치르고 있습니다.

빼앗길 들에도 봄은 오는가

군사독재 시절은 지나갔지만 자본독재의 한파가 민주적 사회로의 진전을 어렵게 하고 있습니다. 정치권력도 법도 언론도 재벌 권력 앞에서 자유롭지 않은 시절을 살고 있습니다.

로봇 전성시대

취업 포털 사이트의 설문 조사 결과, 남녀 직장인 598명 중 43.3%가 '외모'에 가장 큰 스트레스를 느끼는 것으로 나타납니다.
덕분에 성형외과는 날로 번창합니다. 개성보다는 획일적 기준에 맞추어 사는 것을 요구하는 사회에선 당연한 현상입니다.

연평도

북한이 서해 연평도와 인근 해상에 170여 발을 포격해 국민들이 큰 충격과 공포에 휩싸입니다. 이 사건으로 해병대원 두
명이 전사하고 16명이 중경상을 입었으며, 민간인 두 명이 사망하고 세 명이 중경상을 입는 큰 피해가 발생합니다. 한국전
쟁의 휴전협정 이후 북한에 의해 민간 지역이 포격을 당한 것은 처음입니다.

철통 방어

북의 포격으로 삶의 터전을 잃어버린 연평도 주민들이 분노의 목소리로 묻습니다.
대한민국 정부는 국민을 지키는 정부입니까, 권력을 지키는 정부입니까,
남북 관계 악화와 군사적 긴장만 높여놓고 북의 공격엔 속수무책이니 말입니다.

데자뷔 한반도

SK그룹 회장의 사촌동생 최철원 씨가 고용 승계 문제로 1인 시위를 벌이던 50대 노동자를 야구방망이로 구타한 후 맷값으
로 2,000만 원을 줍니다. 조선시대도 아니고 재벌 양반에 대들었다고 곤장을 맞는 세상이니 흥부는 기가 막힙니다.

돈과 김정일

청와대 개입 의혹이 불거지고 있는 민간인 사찰 사건, 비자금 사건 등으로 폐지되었던 삼성의 전략기획실 부활, 천안함 침몰과 연평도 사태 이후 미국 주도로 끌려갈 수밖에 없는 FTA 재협상, 분신으로 이어지는 노동자들의 처참한 현실 등은 대북 규탄의 목소리에 묻히고 맙니다.

보온 상수의 눈

한나라당 안상수 대표가 연평도 피격 현장을 방문, 포탄이라고 설명한 물건의 정체가 보온병으로 밝혀집니다. 이후 안상수 대표의 호는 '보온'으로 정해지고 초등학생들 사이에선 보온병 아저씨로 불리는 등 대단한 인기를 누리게 됩니다. 자신이 보고 싶은 대로 보이는 것이 포탄뿐이겠습니까.

권력을 위해서라면

내부 고발 사이트 '위키리크스'의 '한국 주도 통일 시 중국 반대 무마용 경제 보상 필요성' 사실과 관련, 박선원 미 브루킹스 연구소 초빙연구원이 미국 고위 관계자와 나눴던 '영토 할양설'을 페이스북에 폭로해 파문이 일고 있습니다. 박 연구원은 한국과 미국이 북한의 신의주나 나선 지방을 중국에 떼어주고 흡수통일을 추진하는 것에 대해 논의했다고 밝혔습니다.

그리 두렵더냐!

이명박 대통령이 퇴임 후 사저 인근에 경호 시설을 짓기 위해 국회에 부지 매입비만 70억 원을 요청한 사실이 알려집니다. 부지 매입비 70억 원에 경호 시설 건립비 30억 원을 합하면 100억 원에 이릅니다. 오갈 데 없는 연평도 주민들이 피난처 찜질방에서 이 뉴스를 접합니다.

이중생활

세계인들이 러시아의 실세 총리 푸틴과 허수아비 대통령 메드베데프를 배트맨과 로빈에 비유하며 푸틴의 장기 집권에 우려의 시선을 보냅니다. 한국엔 지킬 박사와 하이드가 있다는 소문이 돌고 있습니다.

두 개의 날개

세상과 불화한 의인, 시대의 등불, 인생의 사표 등으로 불리는 리영희 선생이 향년 81세를 일기로 눈을 감습니다. 한국의 민주주의와 언론 자유를 위해 치열하게 싸워온 고 리영희 선생의 정신을 많은 사람들이 되새겨야 할 때입니다.

마피아도 울고 가는 한류

위키리크스가 공개한 미국 외교 문서에서 스페인의 한 검찰 간부가 러시아를 '마피아 국가'라고 언급한 사실이 드러납니다.
한국의 배우와 가수들이 해외 각지에서 수많은 팬들을 늘려가고 있는데, 한국 재벌도 러시아에 가면 사인해주기 바쁘리라
생각됩니다.

누구를 위한 날치기인가?

한나라당이 온몸을 던져 2011년도 예산안과 원전 수주에 대한 대가성으로 보이는 아랍에미리트연합국(UAE) 파병 동의안
및 4대강 사업의 핵심 법안인 친수구역활용특별법(친수법) 등의 법안을 단독 강행 처리합니다. 물론 서민들을 위해 이렇게
몸을 던질 리는 없습니다.

쥐 코

집권당은 4대강 사업비와 소위 형님 예산으로 불리는 여권 실세들의 지역 민원 예산을 날치기로 확보합니다. 정부는 대포
폰을 동원해 민간인의 사생활을 감시합니다. 재벌 기업은 골목 구석구석까지 들어와 소규모 점포를 싹쓸이합니다.

날치기 전성시대

눈 감으면 코 베어가는 시대는 지나가고 눈 뜨고 날치기 당하는 세상입니다.
부동산에서, 기업에서, 국회에서 다양한 수단과 방법으로 서민들의 피와 땀을 날치기해갑니다.

마케팅 대마왕

백화점들이 경쟁적으로 고가의 경품을 내걸고 고객 잡기에 안간힘을 쓰고 있습니다. 아파트뿐 아니라 황금거북, 비행자동차까지 경품으로 내걸면서 고객들의 지갑을 열어보려 합니다. 목도리와 떡볶이 값으로 서민들의 눈을 가리고 어마어마한 규모의 친부자 예산과 형님 예산을 확보한 왕CEO에게 한 수 배워야 할 것 같습니다.

영포동

이명박 대통령의 모교인 포항 동지상고 후배이자 이른바 '영포(영일·포항) 라인' 김상기 대장이 육군총장에 임명되면서 3군 참모총장 가운데 두 명이 현 정권의 실세 그룹인 '영포 라인'으로 채워집니다. 포항 쪽 인사들은 "어떻게 하는지 몰라도 예산이 쭉쭉 내려온다", "이렇게 물 좋은 때 고향 발전 못 시키면 죄인이 된다"고 말합니다.

재벌 권력 시대

윤증현 기획재정부 장관이 트위터 사용자들과의 오찬 간담회 자리에서 "복지 같은 데 돈 쓰면 남는 게 없다"며 "한도 내에서 즐겨야." 하고 말합니다. 권력층에 광범위하게 퍼져 있는 복지에 대한 이러한 인식은 인간의 기본 생활조차 영위할 수 없는 무시무시한 빈곤의 지하실을 만들어 자본 권력에 순응하게 합니다.

권력만 배부르다

충북의 한 농가에서 키우던 멧돼지가 우리를 뚫고 탈출해 도심 주민들이 대피하는 소동이 벌어집니다. 서울대공원에서는 말레이곰 한 마리가 탈출해 청계산 일대에 비상이 걸립니다. 안락한 우리 안으로 들어가 살려고 하는 인간들과 대비되는 인생관입니다.

장두노미

〈교수신문〉은 2010년의 사자성어로 '장두노미'(藏頭露尾)를 선정합니다. 드러난 진실을 어리석게 감추려 한다는 뜻입니다. 머리는 숨겼지만 꼬리를 드러낸 우스꽝스러운 모습은 한 해 동안 겪은 여러 사건을 연상시킵니다. 룸살롱에선 성형하지 않은 '자연산'을 찾는다는 안상수 대표의 노골적인 모습도 종종 보이지만 말입니다.

붕어빵에 붕어 없다

붕어빵엔 붕어가 없지만 추운 겨울 빈속을 덥혀주는 따뜻함을 갖고 있습니다. 서민보다 부자를 대변하는 정치인들, 민간인 불법 사찰 사건을 조사하지 않기로 한 인권위, 노동자의 권리를 박탈하는 기업 등 이기적이고 냉정한 사회를 덥혀줄 것이 필요한 계절입니다.

포퓰리즘이라고?

선거 때만 되면 표를 얻기 위한 선심성 공약이 남발합니다.
그러나 진정 복지를 외치면 포퓰리즘이라고 매도합니다. 국민을 그저 일하는 기계로 보기 때문입니다.

복지
특집

급식의 알몸

2010년 2월 19일

덫에 걸린 서민

2011년 1월 26일

복지 늘리면 안 돼

급식의 알몸

'왜 부잣집 아이들까지 무상 급식을 해서 세금을 낭비하느냐? 가난한 집 아이들만 골라 선별적으로 급식을 시행해야 한다.'
경제적으로는 맞을지 모르지만 인간적으로는 틀린 생각입니다.
아이들은 경제적 운용 대상이 아닌 인간적 교육 대상입니다.

덫에 걸린 서민

대한민국은 풍요로운 미래를 위해 지금 당장의 복지보다 성장을 추구해야 한다는 논리로 전진해왔습니다. 그러나 수많은 노동자들은 누구의 풍요로운 미래를 위해 대를 이어 허리띠를 조이고 살아야 하는 것인지 의문을 가집니다.

복지 늘리면 안 돼

이명박 대통령이 글로벌 재정 위기의 원인으로 복지 포퓰리즘을 지목하며 복지 확대 요구에 대한 부정적 입장을 나타냅니다. 한국의 복지가 언제부터 글로벌 수준에서 걱정할 정도가 되었는지 어리둥절할 뿐입니다.

덤

주인공

시사만화가의 하루

2장

그들만의 대한민국

– 깽판은 권력이 치고
피해는 국민이 본다

마사지

현 정권의 탄생에 지대한 공헌을 했을 뿐 아니라 언론의 생명인 공정성과 비판 기능을 희생하면서까지 친정부의 자세로 땀 흘린 보수 언론들은 종합편성 방송 채널 사업자 선정이라는 상을 받게 됩니다. 제 버릇 개 주지 않는 법입니다.

포퓰리즘이다

이명박 대통령은 신년 특별연설을 통해 "한정된 국가 재정으로 무차별적 시혜를 베풀고 환심을 사려는 복지 포퓰리즘은 문제의 해결책이 결코 아니다. 많은 나라의 예가 보여주듯이 복지 포퓰리즘은 재정 위기를 초래해 국가 장래를 위협한다" 고 했습니다. 화장실 들어갈 땐 포퓰리즘이 급했지만, 이제 아닙니다.

속도전

조용하고 신속하게 해결해야 하는 일이 있고 요란하게 생색만 내도 되는 일이 있습니다.
본인과 친구들에게 이익이 되느냐가 구분의 기준입니다.

배 째라

날치기 규탄의 목소리가 드높습니다. 민간인 사찰에 대한 분노의 외침이 터져 나옵니다.
계속 떠드세요. 그들이 지쳐 쓰러질 때까지 3보 1배를 하는 심정으로 묵묵히 나의 갈 길을 가렵니다.

쥐 눈엔 뭐만 보일까?

장관 후보자의 탈세 및 땅 투기 의혹이 또 불거집니다. 이번엔 최중경 지식경제부 장관 후보입니다. 고르는 사람마다 땅 투기 선수들로 밝혀지는 걸 보면 선수는 선수를 한눈에 알아보는 모양입니다.

예수 법관, 불신 탈락

판사 출신 황우여 의원이 이용훈 대법원장 등 현직 판·검사와 변호사, 그리고 김황식 국무총리 등이 모인 법조계 개신교 신자 모임 '애중회'의 창립 50주년 기념 행사에서 축사를 통해 현재 14명인 대법관에서 기독교 신자가 줄고 있다며 "가능하면 모든 대법관들이 하나님 앞에 기도하는 이들이길 바란다"고 말합니다.

참 쉽죠~잉

위키리크스가 런던에서 기자회견을 열고 탈세 혐의자 및 기업 등 약 2,000명의 스위스 비밀 계좌 정보를 폭로할 계획이라고 밝혀 전 세계를 깜짝 놀라게 합니다. 그러나 배 째라 정신으로 살아가는 분들에게는 그리 큰 충격을 주지 못하는 것 같습니다.

이래서 땅땅하죠

방송통신위원회가 각계의 반대에도 불구하고 특정 친정부 보수 신문들을 종편 사업자로 선정해주고 황금 채널 배정, 전문의약품·의료기관 광고 허용, 직접 광고 영업 허용 등 온갖 특혜를 줍니다. 땅 짚고 헤엄치게 해주려는데 시청률은 땅바닥에서 기고 있습니다.

파리도 새고 미키마우스도 쥐지

MBC 사장이 '큰 집'에 불려가 조인트 까인 후로 열심히 '좌파 청소'에 매진하고 있습니다. 좌파로 찍혀 분리수거되고 싶지 않으면 벽에 함부로 쥐를 그려서도 안 됩니다.

달빛 요정 역전 만루 홈런은 없었다

아무리, 쓰레기 같은 노래지만 / 무겁고 안 예쁘니까 / 이슬만 먹고 살 수는 없어 / 일주일에 단 하루만 고기반찬 먹게 해줘 / 도토리 싫어 / 라면도 싫어 / 다람쥐 반찬 싫어
인기 인디가수 '달빛요정'이 37세의 짧은 생을 마감합니다. 네티즌들은 기업의 음원 수익 배분에 대한 개선을 요구합니다.

입각하기 어렵지 않아요

장관으로서 국정을 원만하게 수행하려면 땅 투기, 위장 전입, 병역기피, 탈세, 논문 표절 등에 관련된 노하우가 있어야 하는 모양입니다. 입각 필수과목이 된 지 오래입니다.

도둑이 해적 잡네

소말리아 해적들을 응징하고 삼호주얼리호 구출 작전을 극적으로 성공시키니 정부의 기세와 위용이 당당하기 그지없습니다. 민간인 사찰 사건, 연평도 피폭 등의 수세 국면을 전환시킬 뿐 아니라 현 정권의 이미지 쇄신에도 득이 되고 있습니다.

스핑크스 이명바라크

이집트에서 무바라크 대통령의 장기 집권에 반대하는 시민들의 시위가 확산되고 있습니다. 이집트의 억압적인 상황과는 다르지만 그에 못지 않은 부조리한 사회구조 속에서 신음하는 서민들의 심정을 이집트의 풍경을 빌어 표현하였습니다.

MB는 로봇이었다

이 대통령이 청와대 수석을 비롯한 참모들과 장·차관들에게도 책상에 앉아서 보고만 받지 말고 현장에 나가 다양한 목소리를 들으라는 특별 지시를 내릴 정도로 국민과의 소통을 위해 노력을 기울입니다. 로봇설이 도는 이유입니다.

생각할 수 없는 구조

유망한 시나리오 작가 최고은 씨가 지병과 극심한 생활고에 시달리다 설 명절을 앞두고 세상을 떠납니다. 기본적인 인권과 생계가 보장되지 않는 환경에 내몰리면서도 자본의 논리에 타협하지 않는 창작인들의 투쟁은 목숨을 걸고 독재 정권에 대항하여 싸우는 이들에 비견할 수 있다고 생각합니다.

개천 이야기

땅 투기 등으로 불로소득을 거두는 계층이 땀 흘려 일하는 노동자들에게 좌절감을 안겨주는 사회에서는 한탕주의가 만연하게 마련입니다. 눈부신 청계천 신화는 마치 서민들에게 대박을 안겨줄 것 같은 환상을 심어줌으로써 한탕주의 선거를 치르게 하였습니다.

무바라크 전성시대

서울대 음대 김인혜 교수가 학생들에게 폭력을 일삼고 공연 티켓을 강매하는 등 교육자로서 용납하기 어려운 행동으로 사회적 지탄을 받습니다. 우리 사회 곳곳엔 이집트의 무바라크와 같은 독재자들이 군림하고 있습니다.

콤플렉스

북의 후계자 김정은이 조부 김일성 주석을 흉내 낸 헤어스타일과 외모로 큰 관심을 끌고 있습니다. 별다른 업적도 없는 20대 후계자의 부족한 권위를 김일성 주석의 이미지로 채우려 한다는 분석입니다. 마찬가지로 남쪽의 후계자들은 값비싼 명품의 권위를 빌리고 있습니다.

뿌린 대로 거두리라

식량 확보를 위해 동물을 사육한 지 수만 년이 흐른 지금, 인간은 자본의 축적을 위해 동물을 대량 사육합니다. 거대한 창고 안에 움직일 틈도 없이 채워져 항생제로 목숨을 유지하는 동물들이 받는 스트레스가 무서운 질병으로 변하여 인간에게 복수를 합니다.

레임덕은 없다

구제역 파동과 물가 불안 등으로 서민들의 시름이 깊어가지만 빈부 격차는 나날이 커져가고 재벌 기업의 자영업 죽이기는 멈출 줄을 모릅니다. 취임 3주년을 앞둔 이명박 대통령은 소신대로 끝까지 열심히 일하겠다는 포부를 밝혀 서민들을 맥빠지게 합니다.

G20의 삼류 스파이

국가정보원 요원들이 인도네시아 대통령 특사단 숙소에 침입해 노트북을 들고 나오다 발각된 사건이 벌어집니다. 안보부서의 한 당국자는 "정보 세계에선 성공보다 실패 사례가 알려지게 마련이지만 이런 완벽한 작전 실패는 세계 스파이사(史)에 오래 기억될 것"이라며 씁쓸해 합니다.

한국적 세계화

국내 최대 로펌인 '김앤장'이 전직 법조인 영입에 힘을 쏟고 있습니다. 외국 로펌의 국내 진출에 대비해 경쟁력을 키운다는 명분이지만 실상은 전직 관료들을 로비스트로 활용해 회사의 경쟁력을 높이려는 것입니다. 그러나 결국 수많은 사회적 폐해를 낳을 뿐입니다.

달면 삼키고 쓰면 뱉는 실용

조용기 여의도 순복음교회 원로 목사가 "정부가 이슬람 채권법을 계속 추진할 경우 이명박 대통령의 하야 운동을 벌이겠다"고 발언합니다. 실용주의 앞에선 적도 아군도 없습니다. 빨아먹을 단물만 있을 뿐입니다.

평지풍파

임기 3년을 맞는 이명박 대통령은 "대통령 5년은 산에 올라가 정상에서 내려온다고 생각하지 않고 평지에서 뛴다고 생각한다"며 레임덕 없는 임기를 마칠 것이라는 취지의 발언을 합니다. 각종 비리와 실정을 묻어주는 언론과 검찰이 있는데 어려운 일이겠습니까.

누구 맘대로

연 천만 원대의 등록금을 받아가면서도 기숙사 확충엔 관심 없는 대학 주변으로 하숙비와 집세가 하늘 높은 줄 모르고 오릅니다. 서민층의 대학 졸업이 낙타가 바늘구멍을 통과하는 것보다 어려운 시대입니다.

용용 죽겠지?

노조와 함께 공영방송을 지켜내자며 목소리를 높이던 MBC 엄기영 사장이 공영방송 파괴에 앞장서는 한나라당에 입당, 강원도지사 후보로 나섭니다. 버스비가 70원이라는 둥 사람 약 올리는 데 일가견이 있는 사람들로 구성된 정당이라 코드가 맞는 모양입니다.

내가 제일 잘나가

MBC 시사교양국은 소망교회의 문제를 취재하던 중이던 〈PD수첩〉 제작진들을 교체합니다. 언론은 취재를 못하고 검찰은
수사를 못하며, 이슬람 채권을 도입하려는 정부를 대통령 하야 운동으로 협박합니다. 가히 기독교 왕국입니다.

무조건 쪽방

50억에 달하는 전 재산을 국가에 기부한 한 70대 미망인이 쪽방에서 시한부 삶을 연명하고 있다는 사연이 알려져 국민들
의 안타까움과 분노를 사고 있습니다. 나라를 위해 무엇을 할 것인가만 요구하고 나라가 무엇을 해줘야 할 것인지는 도무
지 생각하지 않습니다.

오 마이 갓

예수를 팔아 장사를 하는 사람들이 있습니다. 큰 교회, 큰 권력이 교회의 존재 이유일까요?
예수를 팔아 잇속을 챙기는 자들이 바로 유다가 아닐까요?

땅 밟기? 땅따먹기?

2010년 10월 29일

더 크게! 더 추잡하게!

2011년 1월 6일

음메 기죽어

땅 밟기? 땅따먹기?

기독교 단체 젊은이들이 '봉은사에서 땅 밟기'라는 제목으로 제작한 영상이 인터넷에 확산되며 논란이 일고 있습니다. 동영상에서 이들은 봉은사 대웅전 등 경내 곳곳을 돌아다니며 기독교식 기도를 올리는, 이른바 '땅 밟기 기도'를 한 뒤 불교를 폄훼하는 소감을 밝히고 있습니다. 자신의 종교를 다른 이에게 강요하고 탄압하는 것은 누구에게 배운 것일까요.

더 크게! 더 추잡하게!

이명박 대통령이 장로로 있는 소망교회에서 담임목사와 부목사 간의 폭행 사건이 발생합니다.
보직 취소와 부목사직 해고 처분을 받은 부목사 두 명이 담임목사에 항의하는 과정에서 격투를 벌여, 김지철 담임목사와 부목사가 병원에 입원합니다.

음메 기죽어

"여신도가 '빤쓰' 내리라는 내 말을 들으면 내 성도요, 거절하면 똥이다" 등의 기상천외한 성희롱과 막말을 일삼은 목사님의 주도로 우익 기독교 정당이 창당됩니다. 성희롱으로 위세를 떨치던 기존의 정당이 무서운 경쟁 상대를 만나게 되었습니다.

개구리가 뛰니 쥐가 난다

겨우내 땅속에 웅크려 있던 개구리는 경칩을 맞아 봄기운 속으로 뛰어오릅니다. 조찬기도회에서 목사님의 요구대로 무릎을
꿇은 것은 4대강 공사, 기득권 강화, 재벌 왕국 건설 등의 역사적 과업에 필요한 추진력을 얻기 위함입니다.

먹이사슬

외교관들이 정체불명의 중국 여성과 불륜 관계를 맺고 외교 기밀을 넘겨준, 이른바 '상하이 스캔들'로 시끄럽습니다.
사랑에 속고 외교 문서에 우는 우리 외교관들의 모습이 처량하기만 합니다.

개그 시대

정치인들의 기발한 발상이 연일 국민들의 허탈한 웃음을 유발해주니 개그맨들의 일자리가 위협받고 있습니다.
뿐만 아니라 우리 외교관들의 불륜이 섞인 기밀문서 유출 드라마는 막장 드라마의 영역을 넘보고 있습니다.

줄

풍문으로 돌던 연예계 성 상납 실태가 고 장자연 씨 사건으로 그 일부를 드러냈지만 여전히 배후 세력은 베일에 가려져
있습니다. 사회 진출 과정에서 차별받는 여성들을 향해 검은 손길이 거머리처럼 꿈틀거립니다.

흔들리는 세상

일본 도호쿠 지방 해안에서 발생한 대지진과 쓰나미로 전 세계인이 공포에 떨고 있습니다.
안전 신화를 자랑하던 일본도 거대한 자연의 위력 앞에선 힘없이 눈물만을 흘릴 뿐입니다.

방파제

우리나라는 동해 건너편에 있는 일본, 그리고 휴전선을 사이에 두고 대치 중인 북한과 비극의 역사적 관계를 갖고 있습니다. 그러나 이웃 국가로서 함께하지 않으면 안 되는 관계이기도 합니다. 그러나 지배층은 단지 그들의 권력 유지를 위해 국가 간의 갈등과 적대감정을 환영하고 이용합니다.

반공 천국, 불신 지옥

일본 대지진으로 사망자가 수천 명에 달하고 원자력발전소 폭발로 마을이 폐허가 되고 있을 때, 순복음교회 조용기 원로 목사는 이번 지진은 일본에 기독교 신자가 별로 없어 하나님의 경고가 내려진 것이라는 취지의 발언을 합니다. 한국에선 흔한 '불신 지옥 마케팅'입니다.

이것도 신의 뜻인가?

이명박 대통령을 태운 대통령 전용기가 기체 이상으로 인해 인천공항으로 회항합니다. 이에 대한항공 사장과 소속 직원들이 청와대로 불러가 조사를 받는 사태가 벌어집니다. 힘 있는 분의 심기를 건드렸을 땐 무릎 꿇고 비는 것이 상책입니다.

입만 벙긋해봐

이웃 나라의 원전 폭발로 국민들은 불안에 떨고 있지만 정부 대책은 미비합니다. 각종 추측과 의혹들이 인터넷 등을 통해 확산되고 있는데도 정부는 국민 불안을 해소할 대책을 마련하기보다 입 틀어막는 장기만을 자랑하고 있습니다.

공안 에너지

대학 학술 연구 동아리 '자본주의 연구회'의 회원들이 국가보안법 위반 혐의로 경찰에 끌려가 수사를 받고, 항의하는 학생들이 연행됩니다. 장자연 스캔들에서 뺨 맞고 학생들에게 화풀이합니다.

검찰탕

검찰이 BBK 사건과 관련해 에리카 김 씨를 기소유예 처분하여 사실상 훈방 조치합니다. 지난 대선 이후 3년 넘게 끌어온
BBK 의혹 사건은 이로써 마무리됩니다. 시원하시겠습니다.

형제는 용감했다

"영일대군으로 불리며 국정 전반에 영향력을 끼치는 상득 행님, 절 닮은 저 친구도 우리 형제입니꺼?"
"글쎄다. 맹박이 니는 안경을 썼는데 저노마는 안 썼네. 다른 사람 아이가?"
"그렇죠. 내가 저런 공약을 한 기억이 없는데 말입니다."

이독제독

광우병 불안으로 미국산 쇠고기 수입 재개 반대 촛불시위가 전국으로 확산됐던 때가 있었습니다. 후쿠시마 원전에서 터져 나온 방사성 물질에 대한 정부 대책은 단지 지난 촛불시위의 재현을 막기 위한 일방적인 안전 홍보와 유언비어 단속입니다.

떡밥

'주가 5,000 갑니다', '7% 성장, 4만 달러 소득, 세계 7위 경제 대국의 꿈을 실현하겠습니다', '국밥 먹고 서민들이 잘 사는 사회를 만들겠습니다' 유권자들의 환호성이 들립니다. 이 맛에 낚시합니다.

천국과 지옥

살인적 등록금을 견디다 못한 대학생들이 강의실을 뛰쳐나가 등록금 인상 반대 투쟁 대열에 동참합니다. 그러나 학벌에 의해 연봉이 결정되는 사회가 쌓은 거대한 성벽 안에서 대학은 여유로운 미소를 날릴 뿐입니다.

피하면 장땡

이명박 정부의 경제정책은 낙제점을 겨우 면한 점수라는 이건희 삼성그룹 회장의 발언이 나온 직후 삼성 계열사 세 곳에 대해 전격적인 세무조사가 벌어집니다. 조세 감면과 각종 특혜에 익숙해진 재벌 기업으로서는 화들짝 놀랄 일이 아닐 수 없습니다.

사회적 지탄

50대 노동자를 야구방망이로 폭행하고 맷값으로 2,000만 원을 던져줘 구속 기소된 최철원 M&M 전 대표가 항소심에서 집행유예를 선고받고 석방됩니다. 재판부는 사회적 지탄을 받은 점을 고려하였다고 하는데, 그래서 사회적 동정심을 받는 빈곤층 범죄자들의 형량이 높은 모양입니다.

마음대로 하시라니까

이명박 대통령은 국민 경제 대책 회의에서 "물가 불안을 현명하게 극복하는 길은 소비를 줄이는 수밖에 없다"고 말합니다.
MB 품목까지 만들어 물가 잡는다며 큰소리치시더니 이제 물가 불안의 책임을 소비자들에게 전가하고 계십니다.

보이지 않는 손

재벌 기업의 골목 상권 공략으로 수많은 자영업자들이 벼랑 끝으로 내몰립니다. 입시 위주의 교육과 취업을 위한 스펙 쌓기는 학생들을 무한 경쟁의 정글로 밀어넣습니다. 오직 1%의 승자만이 모든 것을 거머쥐는 사회가 99%의 패자들을 질식시킵니다.

나도 해봤다

카이스트 학생들의 연이은 자살로 실적 위주의 카이스트 시스템에 대한 비판이 일고 있습니다. 서남표 카이스트 총장은 제도 개혁과 과도한 경쟁 시스템이 비참한 결과를 초래했다는 지적에 미국 명문대에도 자살하는 학생이 많다는 말로 응수합니다.

등록금 장사

등록금은 내릴 수 없는 걸까요, 내리기 싫은 걸까요? 대학생의 목줄을 죄어 무엇을 얻으려는 걸까요?
정권을 움직이는 부속품을 만들기 위해서일지도 모르겠습니다.

등록금이 올라가는 이유

2011년 3월 26일

닭장의 용도 변경

2011년 6월 11일

빵이 없으면 고기

2011년 6월 15일

등록금이 올라가는 이유

오늘날 한국의 대학생들은 등록금 마련과 취업 준비 때문에 동아리 활동까지 할 여력이 없습니다. 자본주의 연구회라는 대학 동아리를 경찰 수사 선상에 오르게 한 것은 국가보안법보다 무서운 재벌 독식 무한 경쟁 사회입니다.

닭장의 용도 변경

대학 캠퍼스가 최루탄 가스로 뒤덮이던 시절 많은 학생들이 무자비한 탄압 속에서도 독재 정권과 사회 부조리에 항거하였습니다. 이제 최루탄 냄새와 닭장차는 사라졌지만 학생들은 더욱 강력하고 보이지 않는 신자유주의적 창살 안에서 무력하게 사육당하고 있습니다.

빵이 없으면 고기

반값 등록금에 대한 요구가 대대적인 촛불집회로 번지고 있는 가운데 이명박 대통령은 "너무 조급하게 서둘러서 하지 말고 차분하게 시간을 갖고 진지하게 대안을 마련하라"고 말합니다. 하긴 떡볶이, 오뎅 몇 개 먹는다고 서민들의 피눈물 나는 심정을 알 수 있겠습니까.

대한민국에서 사는 법

한복디자이너 이혜순 씨가 신라호텔 레스토랑에서 한복을 입었다는 이유로 출입을 제지당하는 어이없는 일이 일어납니다.
한국에서는 레스토랑 갈 때 한복을 입지 못하고, 독립운동가 후손들이 친일파 후손들의 눈치를 보며, 한글만 아는 사람들은
출세를 못합니다.

자동 언어 번역기

한나라당이 일본 원전 사고에 따른 방사능 공포를 좌파가 선동한 탓으로 돌리고 있습니다. 김무성 원내 대표는 "정부가 당
당하게 문제가 없다는 것을 밝히고, 사회불안을 조성해 국가를 전복시키려는 불순 세력을 제압해야 한다"고 주장합니다.

무전 객사

여관방에서 홀로 살아가던 한 할머니가 무료 병원을 찾아 보건소와 시립병원 등으로 8시간을 헤매다 끝내 치료를 받지 못하고 지하철역에 쓰러져 눈을 감은 사건이 일어납니다. 선진국을 코앞에 두고 있다는 대한민국에서 병원을 코앞에 두고 환자가 죽고 있습니다.

모두가 바닥

한상률 전 국세청장의 연임 및 승진을 위한 로비 등 비리 사건이 납세자들의 스트레스를 가중시키고 있습니다.
국민들의 피땀이 권력자와 기업에 의해 로비의 온상인 룸살롱 바닥에 뿌려지고 있습니다.

거꾸로 가는 세상

머리 위로는 독재 정권을 수립하여 우리의 권력 기반을 만들어주신 조상님을 섬기고, 어깨로는 우리를 먹여 살리시는 부모님과 같은 회장님을 봉양하며, 확고한 지지층을 형성해주시는 목사님께 무릎을 꿇어 감사기도를 드립니다. 천하를 발밑에 두고 호령하기 위해서 말입니다.

은총이 폭력으로 나리네

'회사는 정년퇴직자 및 25년 이상 장기근속자의 자녀가 채용 규정상 적합한 경우 우선 채용하는 것을 원칙으로 한다'는 현대자동차 노조의 단체협약 요구안이 논란을 불러일으키고 있습니다. 많은 비정규직 노동자들은 현대차 정규직도 세습하는 것이냐며 반발하고 있습니다.

믿는 구석

강원지사 보궐선거에 출마한 한나라당 엄기영 후보 측이 불법 선거운동을 하다가 무더기로 적발됩니다.
집권당 후보로 나섰으니 믿는 구석이 있었겠지요.

VIP와 비(非)VIP

부산저축은행 영업정지 사태로 예금자들의 절규가 하늘을 찌르는 가운데 부산저축은행 임직원과 친인척, VIP 고객들이 영
업정지 정보를 미리 알고 전날 밤에 몰래 예금을 인출한 사실이 드러납니다. VIP가 아닌 사람들은 언제나 봉이 될 뿐입니다.

코웃음

곽승준 미래기획위원장이 "이건희 회장보다 삼성전자 보유 지분이 많은 국민연금이 적절한 주주권 행사를 해야 한다"고 밝혀 정부가 연기금을 통해 재벌 견제에 나서는 것인지, 논란이 일어납니다. 임기 없는 재벌 황제의 코웃음을 살 뿐입니다.

억울하세요?

'비즈니스 프렌들리'를 표방하며 온갖 특혜를 베풀었지만 이제 임기 말 정권이라고 경제 점수에서 낙제점을 겨우 면했다는 소리를 듣고 있습니다. 세무조사, 연기금 동원 견제 등으로 분노를 표출하지만 재벌공화국의 회장님께서는 끄떡도 안 하십니다.

그러니까 싫어하지

4.27 재보선에서 한나라당이 참패한 것은 젊은 층의 반감 때문이라는 분석이 나옵니다. 이재오 특임 장관은 "싫어하는 이유가 있으면 그 이유를 찾아서 없애면 되는데, 젊은 사람들이 한나라당은 그냥 싫다고 한다"며 한탄합니다. 젊은 층이 반감을 가지는 이유입니다.

우리 덕인 줄 알아

농협 금융 전산망이 마비되는 사상 초유의 사태가 벌어져 국민들이 큰 불편을 겪습니다. 수사에 착수한 검찰은 이 사건을 북한이 저지른 새로운 차원의 사이버 공격에 의한 것으로 발표합니다. 모르는 문제가 있을 땐 언제나 김정일 장군님이 해결해주십니다.

어린이날 특사

어린이날을 맞아 부모의 손을 잡고 대공원에 놀러 나온 어린이들의 얼굴이 입시 감옥에 갇혀 있다가 잠시 햇볕을 쬐러
나온 듯 창백합니다. 어린이들에게 진정으로 필요한 교육이 무엇인지 생각하고 바꾸지 않으면 안 되는 상황입니다.

메뉴

부산저축은행 사태로 대노한 이명박 대통령은 금감원을 방문해 간부들을 모아놓고 호통을 칩니다.
"장관이나 위원장을 통해서 얘기를 전하려고 했으나 국민들보다 내가 더 분노를 느껴 직접 방문했다"고 말입니다.

쥐 천국

저축은행에 한 푼 두 푼 맡겨둔 서민들의 예금을 빼먹은 자들은 창고에 모아둔 곡식을 훔쳐 먹는 쥐떼와 같습니다. 쥐들을 감시해야 할 금융감독원이 쥐를 보살필 뿐 아니라, 쥐를 그리면 잡혀가는 세상이니 이야말로 쥐의 천국이 아니고 뭐겠습니까.

제대로 하는 게 뭐야?

대북 강경 노선을 유지하고 있는 이명박 대통령이 북한이 핵을 포기한다면 서울 핵 안보 정상회의에 김정일 국방위원장을 초청하겠다고 밝힙니다. 동시에 천안함과 연평도 사태에 대한 북한의 사과가 전제되어야 한다는 점을 강조합니다. 초청장인지 결투장인지 잘 모르겠습니다.

침보다 응어리

노태우 전 대통령의 체내에서 불법 시술에 의한 것으로 추정되는 침이 발견되어 검찰이 내사에 착수하지만 끝내 시술자를
찾지 못합니다. 국민들의 가슴속에 상처를 입힌 자들이 떳떳한 모습으로 언론에서 미화되고 있습니다.

꽝

열심히 일해도 오르는 집세와 대출이자를 감당하기 어려운 시대, 사람들은 허황된 대박의 꿈을 꾸게 됩니다.
그 위로 성실하게 일하는 사람들 돈을 앗아가는 업자들이 날아다니고 있습니다.

살인 무기의 역사

5월 16일입니다. 50년 전 이 땅에 울린 총성이 군인정치의 시작을 알린 이후 수많은 시민들이 노력과 피를 바탕으로 민주화를 이루어냈습니다. 그러나 어렵게 피워낸 민주주의의 꽃이 다시 돈의 힘에 의해 시들고 있습니다.

대학 내무반

꽃피는 봄, 대학가는 축제가 한창입니다. 특히 학생회들은 언제부터인가 아이돌 가수나 걸그룹들을 경쟁적으로 불러 열광의 도가니를 만들고 있습니다. 살인적 등록금과 취업 경쟁에 지친 학생들에게는 여유 있고 다양한 문화적 향유보다 스트레스 해소가 시급한 형편입니다.

정신 있는! 정신 없는?

현대사의 풍랑 속에서도 대한민국호는 독재와 불의에 항거하는 시민의 힘에 의해 침몰하지 않고 민주화의 항로를 개척해 왔습니다. 그러나 소수 권력자들에 의한 탐욕의 파도는 지금도 여전히 사그라지지 않고 있습니다.

회원 관리 인사

문민정부 시절 하나회를 숙청한 김영삼 대통령은 '머리는 빌릴 수 있어도 건강은 빌릴 수 없다'는 국정 철학을 가지고 인사는 만사임을 강조하였으나 그 자신도 민주산악회를 중심으로 한 인사 정책으로 많은 폐해를 낳았습니다. 반복되는 행태를 보는 국민들은 지겹습니다.

뇌물 변천사

금융실명제 이후 무거운 현금 박스를 가지고 다니느라 힘든 시절이 있었습니다. 이제 뇌물도 떳떳이 합법적으로 받을 수 있도록 제도적 개선이 이루어졌습니다. 재벌 기업과 대형 로펌에 근무하시면서 전직 관료의 역량을 마음껏 펼치시고 월급봉투에 들어 있는 수억 원을 가져가십시오.

관료의 스펙

금융감독원 퇴직자들이 낙하산을 타고 부산저축은행 감사 자리에 앉아 금융감독원의 은행 감독 역할을 무력화시킵니다. 퇴직 관료들은 이 밖에도 은행, 로펌, 기업체에서 로비스트로 맹활약 중입니다. 관료들은 퇴직 후 노후 안정을 위해 오늘도 재벌을 향해 연신 하트를 날립니다.

영어만이 살 길

미군이 1급 발암물질 다이옥신을 함유한 고엽제를 파묻어 우리 땅을 오염시켜도 제 할 말을 못하고 있습니다. 혀 수술까지
받아가면서 배운 영어로 정작 미국에겐 한마디도 꺼내지 못합니다.

잘 살아보세

경제성장을 위해서는 한미 우호 관계를 더욱 튼튼히 하고 재벌 기업의 수출 증대에 전력을 쏟아부으며 4대강 공사를 초고속
으로 완수해야 합니다. 땅 밑 고엽제로 원인 모를 병에 걸리고 반도체 공장에서 백혈병으로 죽고 무리한 속도전 공사로 노동
자들이 죽어가도 말입니다.

숨겨진 것들

이명박 대통령의 측근 은진수 전 감사위원이 퇴출을 막아달라는 청탁과 함께 부산저축은행으로부터 다이아몬드 등 억대의 금품을 받아 구속됩니다. 싸구려 잠바를 입고 국밥과 오뎅으로 끼니를 때우시는 대통령의 등잔 밑이 다이아몬드로 반짝입니다.

승부 조작

스포츠 복권에서 거액의 배당금을 받기 위해 축구경기의 승부를 조작한 브로커와 선수들이 적발되어 축구팬들에게 허탈감을 주고 있습니다. 정해진 승부대로 경기를 뛰는 선수들의 모습은 돈에 따라 춤을 추는 세상의 모든 꼭두각시들을 연상케 합니다.

개판, 깽판 교육 현실

창의를 말하지만 창의적이 될 수 없게 만드는 대한민국 교육.
지금 아이들은 벼랑으로 내몰리고 있습니다. 우리 아이의 미래를 바꿀 수 있는 사람은 우리뿐입니다.

교육
특집

혁명적인 퇴보

2010년 1월 20일

기계로 살지요

2010년 10월 23일

도구적 인간

혁명적인 퇴보

21세기의 영상 혁명. 3D 영화의 신기술이 사람들을 흥분시키고 있습니다.
그런데 3D가 아닌 저차원으로도 분노를 일으키는 방법은 많군요.

기계로 살지요

중학생이 치밀하게 준비한 계획대로 집에 불을 질러 가족 모두를 숨지게 하는 사건이 일어납니다. 친구를 폭행하여 사망에 이르게 한 뒤 시신을 한강에 버린 여중생들. 무단결석을 나무라는 어머니를 둔기로 때려 살해한 중학생 등 청소년 범죄가 흉포화되고 있습니다. 그들은 어른들이 만든 사회 환경 속에서 자란 아이들입니다.

도구적 인간

나경원 한나라당 서울시장 후보가 선거운동 과정에서 중증 장애아를 목욕시키는 사진을 연출해 비난이 쇄도합니다. 어른들의 욕심 때문에 인권을 침해당하는 대한민국 어린이들의 처지가 안타깝습니다.

달인의 스리슬쩍

북한이 남북 간 비밀 접촉 내용을 공개하여 대한민국이 발칵 뒤집힙니다. 북은 남측이 돈 봉투까지 내놓으면서 남북 정상
회담을 애걸했다고 주장하여 대외적으로 대북 강경 노선을 천명하고 있는 MB 정부를 멘붕 상태로 몰아넣습니다.

쇼는 끝나지 않는다

오세훈 서울시장이 대학생들과의 등록금 문제 간담회에서 자신도 두 딸의 등록금 때문에 허리가 휘는 줄 알았지만 반값 등
록금은 해결책이 아니라는 발언을 합니다. 58억 원에 달하는 재산이 있고 시장 연봉 1억 200만 원을 받는 분의 하소연이었
습니다.

학문의 자유

조선 신분제 사회에서 양반계급은 세금과 군역에서 면제됐고 노비들이 제공하는 노동력을 바탕으로 만들어진 안정된 생활 기반에서 학문에 전념할 수 있었습니다. 그로 인해 신분은 세습되고 계급사회를 유지할 수 있었습니다. 오래전 이야기인데 슬프게도 피부에 와닿습니다.

수탈, 약탈, 포탈

치솟는 대학 등록금에 대해 사회적 비난 여론이 들끓고 있는 가운데 대학의 각종 탈법행위와 비리가 도마 위에 오릅니다. 연구비 횡령, 회계 조작 등의 비리를 저지르며 등록금 인상에만 골몰하는 대학이 교육기관인지, 대학의 탈을 쓴 강도인지 구분이 안 가는 실정입니다.

구멍 난 양심

서울의 몇몇 대형 교회가 구멍 뚫린 헌금봉투를 사용하여 신도들이 마음고생을 한다는 보도가 있었습니다. 헌금 금액이 겉으로 드러나니 부담감을 느낀다는 것입니다. 인간의 그릇된 욕심이 교회의 헌금봉투도 갉아먹고 있습니다.

돈 풀어라

정부가 침체에 빠진 내수 경기를 활성화한다며 대체 공휴제나 공무원 출퇴근 단축 등의 아이디어를 내놓고 있습니다. 재벌에게 상생을 강조하며 투자와 고용을 독려하던 정부가 여의치 않으니 다른 곳에 화풀이를 합니다.

서민은 봉이다

땅 투기와 비자금 횡령 등으로 불로소득을 얻는 계층에 의해 착취당하는 수많은 서민층 노동자들은 생존을 위해 쉴 새 없이 일해야만 합니다. 어렵게 틈을 내어 접하는 정보는 기득권층을 대변하는 주류 언론에서 생산하는 것입니다. 서민층이 헌신적이 될 수밖에 없는 이유입니다.

쥐 잡듯

부산저축은행 비리 사건을 수사해온 검찰은 임원들로부터 영업정지 정보를 얻고 특혜 인출을 해간 예금주 가운데 정관계 인사들은 없는 것으로 수사 발표를 합니다. 언제나 그렇듯이 태산이 떠나갈 정도로 피해자들의 비명이 요란한 사건에서 잡는 건 생쥐 몇 마리입니다.

5세 훈이의 뽀로로

아이들 사이에서 뽀로로는 대통령보다 막강한 영향력을 갖고 있습니다. 아이들은 뽀로로의 몸짓 하나하나에 열광합니다.
뽀로로의 해맑은 눈빛은 아이들의 순수한 심성을 끌어당깁니다. 그러나 세파에 오염된 어른들은 그들의 욕심을 채워주는
영웅에 환호합니다.

뱀파이어의 영양실조

노동자들이 공장에서 백혈병으로 죽어가는데도 기업은 산업재해임을 좀처럼 인정하려 하지 않습니다.
흡혈병에 걸린 기업의 눈엔 노동자들의 인권과 생명의 존엄성은 보이지 않습니다.

감춰진 것들

민주당 대표실에서 열린 비공개 최고위원회 회의가 도청당하는 사건이 일어나 큰 파문을 일으킵니다. 더군다나 수신료 인상을 추진 중인 방송사의 기자가 도청하여 여당에 건넸다는 의혹이 국민들을 아연케 하고 있습니다.

못생긴 정권의 서비스

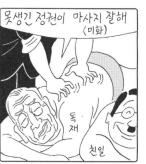

이명박 대통령의 어록 중에 "못생긴 마사지걸이 서비스 잘하노라"가 있습니다. 자연을 파괴하고 혈세를 쏟아붓는 불도저식 묻지마 공사 추진과 방송 장악, 민간인 사찰과 도청 사건 등으로 국민들로부터 온갖 미움을 받고 있는 못생긴 정권 역시 마사지에 능합니다.

떡검, 섹검, 스폰서 검찰

엄정히 법을 집행해야 할 검찰의 추문이 끊이지 않습니다. 정권의 개란 오명을 쓰고도 검찰은 변하지 않습니다. 그것이 편한 모양입니다.

제 버릇 개 줄까

2010년 4월 22일

검찰의 속성

2011년 9월 3일

주어를 봐야지

제 버릇 개 줄까

25년 동안 검사들에게 향응과 성 접대를 했다는 건설업자의 폭로가 검찰을 강타합니다.
집 지키는 개가 도둑과 한통속이었다니 개들이 기막혀 할 일입니다.

검찰의 속성

광우병의 위험성을 보도하여 검찰에 기소된 〈PD수첩〉 제작진에 대해 대법원이 무죄 확정판결을 내립니다. 한편 서울중앙지검은 후보 단일화 과정에서 금품을 전달한 혐의로 곽노현 서울시 교육감을 소환 조사합니다.

주어를 봐야지

FTA에 있는 투자자 제소권 등의 독소 조항이 국가 주권을 넘기는 매국 행위라는 반대의 목소리가 거세지고 있습니다. 이에 대해 정부는 근거 없는 주장으로 FTA를 반미 선동의 도구로 이용해선 안 된다며 FTA 반대 시위와 허위 사실 유포에 대한 강경 대응을 천명합니다.

장도리의 기능

장도리는 못을 박거나 빼는데 필요한 도구입니다

뿐만아니라 호두를 까먹을때도

영화흥행에도 도움이 됩니다.

올드보이

컷에 마땅히 채워넣을 것이 없을때도 유용합니다

장도리

등장인물

드라마나 영화에서 연기는 배우들의 몫이지만

만화에선 만화가가 직접 연기를 해야 합니다

캐릭터의 탈

연기를 해서 컷에 그려넣는 것이죠

웃는모습을 그릴땐 만화가도 웃고있다

정치인이 자주 등장하는 시사만화는 정치인들이 몸소 쇼를 해주셔서 만화가의 수고를 덜어줍니다

오빤 거지 스타일

오빤 서민 스타일

3장
삽질과 피멍 사이
- 그만 좀 하면 안 되겠니

환청

4대강 업체로부터 각종 향응을 제공받은 수자원정책국의 책임자가 4대강 사업본부장으로 승진됩니다. 골목 구석구석 민간인들의 사생활에는 귀를 기울이면서도 정부를 향한 국민들의 외침은 들리지 않는지, 이해할 수 없는 노릇입니다.

포퓰리즘

좌익분자, 빨갱이란 용어는 정권에 비판적인 사람들을 탄압하고 현실 문제에 대한 토론의 기회를 박탈하는 데 유용하게 쓰인 단어들이었습니다. 이제 시대는 변했고, 영어를 사용해서 억압해야 합니다.

평창탕

삼성 비자금 사건으로 실형을 선고받았던 이건희 회장은 특별사면을 받고 평창 동계올림픽 유치를 성공시킵니다.
회장님의 영도력은 더욱 상승하고 노동자들의 호흡은 더욱 가빠집니다.

컨버전스 시대

'융합'은 디지털 기기뿐 아니라 사회 각 분야에 걸쳐 하나의 트렌드를 형성하고 있습니다. 급기야 집회 현장엔 최루탄과 물
대포를 융합시킨 최루액이 등장합니다.

회춘

노랫말에 '한 모금의 맥주'란 가사가 들어 있다는 이유로 청소년 유해 매체물로 지정된 노래가 있습니다. 여성부의 과도한 음반 심의가 네티즌들의 반발을 불러일으키고 있습니다. MB 정부가 들어선 이후 과거 회귀적인 일들의 연속입니다.

장래희망

대형마트 지하에서 냉동기 점검 작업 중에 가스 질식으로 숨진 노동자 가운데 등록금 마련에 나섰다 변을 당한 대학생의 사연이 주위를 안타깝게 하고 있습니다. 살인적인 등록금이 젊은이들을 말 그대로 사지로 몰아넣고 있습니다.

법 위에 재벌

삼성전자 반도체 공장 근무 환경과 백혈병 사이의 연관성을 인정한 법원 판결 이후 삼성전자는 미국 컨설팅 회사를 통해 근무 환경과 백혈병 사이에 인과관계가 없다는 발표를 합니다. 대한민국 사법기관의 판결 따위는 인정할 수 없다는 기업의 오만한 행동입니다.

여기는 어디일까?

최저임금위원회가 기습 처리한 2012년도 최저임금안이 실질임금을 삭감한 것이라는 비판을 받고 있습니다. 이명박 정부 들어 최저임금 인상률은 줄곧 최저치를 기록하고 있습니다.

아무것도 하지 마세요

노무현 전 대통령의 추모 문화제에 참석하거나 등록금 문제와 청소 노동자 사태 등 사회적 문제에 대한 적극적 참여와 발언을 하는 연예인들의 방송 출연을 제한하는 소셜테이너 금지 규정이 MBC에 의해 만들어집니다. 낙하산 사장의 충정이 느껴집니다.

어려울수록 우향우

극우 테러리즘을 신봉하는 한 노르웨이 남성이 노동당 캠프에 참석한 청소년들에게 총기를 난사한 사건이 전 세계를 경악케 합니다. 최근 유럽에서 다시 고개를 들고 있는 극우 파시즘과 외국인 혐오주의는 유럽이 처한 경제적 어려움과 무관하지 않을 것입니다.

돈맥경화

막대한 현금 뭉치를 쥔 재벌 기업을 중심으로 돌아가는 한국 경제가 마치 동맥경화에 걸린 환자의 모습입니다.
MB 정부의 돌려 막기 식 인사도 어지럼증을 불러일으킵니다.

물물물

오세훈 서울시장이 한강 르네상스, 디자인 서울 등의 사업에 심혈을 기울이고 있는 가운데 폭우로 도로와 집들이 물에 잠
기고 산사태로 사람들이 죽어나가고 있습니다. 이제 물이라면 지긋지긋합니다.

집값을 위하여

물난리로 큰 피해를 본 서울 서초구민들이 집값 하락을 우려해 특별재난지역 지정을 반대하고 나섭니다.
대한민국에서 사람의 목숨 정도는 집값에 비할 바가 아닙니다.

독도만 우리 땅?

2011년 8월 3일

일본 국회의원들의 울릉도 방문 강행으로 국민들이 분노하고 있는 가운데 이재오 특임 장관이 일일 독도 경비대원으로 나서
카메라 세례를 받습니다. 퇴역 미군이 폭로한 고엽제 매립 사실에 대해 정치권이 보여주고 있는 점잖은 태도와는 비교가 되
는 모습입니다.

업무 보고의 다양화

지식경제부 공무원들이 산하기관들로부터 룸살롱 접대를 받은 사실이 적발됩니다. 공무원들은 업무 보고를 하라며 산하기관 직원들을 불러 이 같은 접대를 받았다고 합니다. 룸살롱이 로비 장소뿐 아니라 공식 보고 및 민원 창구가 된 지 오래입니다.

부러운 한국

극우 민족주의자로 알려진 노르웨이 총기 난사 테러범 안드레스 베링 브레이빅이 한국과 일본을 바람직한 국가 모델로 거론합니다. 민족주의와 가족의 가치가 매우 강한 사회라면서 말입니다. 극우 테러범의 눈에 긍정적으로 비친 사회에서 살아가는 우리들의 모습을 한번 돌아봐야겠습니다.

어찌하리오

비오면 난리

100년만의 폭우를 어쩌겠소

한국이 직격탄

수시로 터지는 금융위기를 어쩌겠소

서울시와 수도권에 내린 집중호우로 피해가 속출하는 가운데 서울시는 100년 만의 폭우라며 천재지변임을 강조합니다.
잘되면 내 탓, 안 되면 조상 탓 또는 하늘 탓이겠지요.

3세를 위하여

연평도

대장동지 만세
민심얻기 3세

우리도 질소냐

사장님 만세
야구장 방문
재래시장 방문
민심얻기 南3세

이재용 삼성전자 사장이 프로야구 경기가 열린 서울 잠실야구장에 친히 왕림하시어 선수들을 격려합니다.
남북이 3세 후계 체제 확립에 여념이 없습니다.

사과

노태우 전 대통령이 회고록에서 '80년 광주사태의 진범은 유언비어'라며 '경상도 군인들이 광주시민들 씨를 말리러 왔다는 등의 유언비어를 들은 시민들이 무기고를 습격한 것'이라고 주장합니다. 사과 받을 생각은 애초에 접으라고 명령하고 있습니다.

SNS 혁명

경제난의 한파가 몰아치고 있는 가운데 전 세계가 시위로 몸살을 앓고 있습니다. 특히 인터넷과 SNS는 군중의 의견들을 빛의 속도로 운반하며 소수 자본 권력에 항거하는 힘을 빠르게 결집시키고 있습니다.

삽질의 왕국

삽 하나로 모든 것을 해결할 순 없습니다. 그때마다 병 드는 건 국민의 마음과 국토입니다.
국민은 삽으로 이 정권을 묻어버리고 싶습니다.

삽질
특집

토목왕 파라오 MB

2010년 3월 11일

자살공화국

2010년 7월 3일

묻어야 사는 사람

토목왕 파라오 MB

지금까지 이루어놓은 구조물들을 보면 가히 토목왕이라고 불릴 만한 지도자입니다.
'토목왕'은 '토건족을 위해 서민들의 목을 죄는 왕'의 준말입니다.

자살공화국

대한민국은 2003년 이후 줄곧 경제협력개발기구(OECD) 국가 중 자살률 1위, 자살 증가율 1위를 기록하고 있습니다. 2010년 기준으로 인구 10만 명당 31.2명이 자살하고 있으며 이는 2000년의 13.6명에 비해 두 배나 증가한 수치입니다.

묻어야 사는 사람

'대통령과 끝까지함께 한다'는 뜻으로, 이른바 '순장조'라고 불렸던 박형준, 이동관 전 청와대 수석을 지난 개각에서 상근 사회특보와 언론특보로 임명하여 임기 말 친정체제를 강화합니다. 심복들이야 그렇다 치고, 정권과 함께 억지로 순장되는 것들은 무슨 죄가 있습니까?

붙여!

이명박 대통령이 제66주년 광복절 경축사를 통해 임기 후반기 국정 운영의 기조가 '공생발전'임을 선언합니다. 친서민, 공정 사회, 법치 사회, 선진화, 국격 상승 등 온갖 좋은 말들을 붙이고 떼고 하다 보니 어느새 임기가 다 지나가고 있습니다.

유대인에서 무대인으로

전면 무상 급식을 복지 포퓰리즘이라며 반대하는 오세훈 서울시장은 전면 무상 급식의 찬반을 묻는 주민투표를 발의합니다.
어른들 세계에서 만들어진 빈부의 깊은 골을 아이들에게까지 그대로 물려주려 하고 있습니다.

미국 부자, 한국 부자

2011년 8월 18일

미국의 갑부 워런 버핏 회장이 〈뉴욕 타임스〉에 부자들에게서 세금을 더 거두어야 한다는 칼럼을 기고합니다.
한국의 부자들은 이해할 수 없는 행동입니다.

쥐라기공화국

2011년 8월 23일

대기업은 골목 상권을 가리지 않고 먹어치우며 몸집을 불립니다. 세계 최대 규모의 대형 교회는 나날이 그 위력을 키워갑니다. 대형 로펌은 전직 관료들을 싹쓸이 영입해 로비스트로서 큰 영향력을 행사합니다. '김앤장공화국'이라는 말이 나올 정도입니다.

짜고 치는 고스톱

재벌 기업이 손대지 않는 사업이 없는 한국에서 자영업은 계란으로 바위 치기입니다. 복지는 축소되고 노후는 불안하니 주식이라도 해서 노후 자금을 마련해야 합니다. 외국인 자본에 의해 투기판이 된 주식시장에서 승자는 정해져 있습니다. 짜고 치는 고스톱 경제입니다.

오세이돈키호테

전면 무상 급식 찬반 주민투표가 투표율 미달로 개표를 하지 못하고 오세훈 서울시장은 결국 약속대로 시장직을 사퇴합니다. 서울시 물난리 때 얻은 오세이돈이라는 별명에 무상 급식 주민투표에서 연상된 돈키호테를 합성해 '오세이돈키호테'라는 이름을 만들어보았습니다.

놀라운 상상력

한국 남성의 대장암 발병률이 아시아 1위, 세계 4위라는 대한대장항문학회의 분석이 나와 중년 남성들을 우울하게 하고 있습니다. 학회는 대장암 발병률이 높은 이유로 업무 스트레스, 음주, 흡연 등을 꼽았습니다. 한국의 노동자들이 생존을 위해 피할 수 없는 것들입니다.

양보와 상납의 차이

오세훈 전 서울시장의 사퇴 이후 서울시장 보궐선거에 정치권이 사활을 건 총력전을 벌이는 가운데 안철수 원장이 높은 지지율에도 불구하고 서울시장 후보 자리를 박원순 변호사에게 양보합니다. 아름다운 양보는 결국 박원순 후보의 당선으로 이어집니다.

파이 키워 재벌 줬네

재벌 가문의 문어발은 산업 전 영역으로 확장되고 이젠 서민들의 생계 수단에까지 침투하고 있어 지네발로도 모자랄 정도입니다. 성장론을 앞세워 노동자들의 희생을 끌어내고 파이를 키워 재벌 가문을 키워갑니다.

도덕성 제로

경제 살리고 아파트 값을 올려주기만 한다면 BBK 의혹이든 도곡동 땅 투기 의혹이든 모두 눈감아준 선거였습니다.
지난 대선은 우리 사회가 지켜야 할 도덕성을 향해 돌진한 선거였습니다.

티끌 모아 세금

잊을 만하면 터지는 것이 군납 비리입니다. 곰팡이 햄버거가 나오는 불량 급식, 값싼 공업용 에탄올로 만든 소독약이 적발된 데 이어, 1만 원 정도면 살 수 있는 컴퓨터 USB 메모리를 95만 원에 사들인 사실이 드러납니다. 줄줄 새는 세금 생각에 잠을 이룰 수 없습니다.

정일교

전국적으로 발생한 대규모 정전 사태가 북한의 사이버테러에 의한 것이라는 미래희망연대 송영선 의원의 주장이 국민들을 놀라게 하고 있습니다. 정전, 해킹 등 전지전능한 김정일 장군을 신봉하는 정일교도가 대한민국 국회에서 암약하고 있습니다.

희로애락

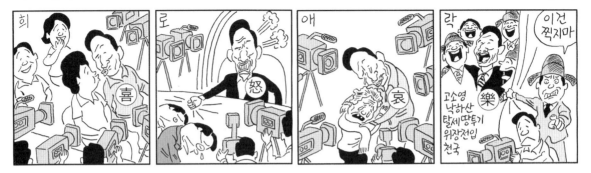

낙하산 사장을 통해 장악된 방송 화면엔 대통령의 여러 가지 얼굴이 담깁니다. 야구장을 방문한 대통령 내외의 단란한 모습, 부정부패 사건에 진노하는 표정, 서민을 보듬으며 흘리는 눈물에 포커스를 맞춥니다.

타임머신

사상 초유의 대규모 정전 사태로 교통신호가 멈춰 도로교통이 마비되고 공장 가동이 중단됐으며 수술 중인 환자가 목숨을 잃을 뻔하였습니다. 어르신들께서는 전력 부족으로 자주 정전이 되던 시절에 쓰던 양초가 남아 있는지 창고 속을 뒤져봅니다.

립스틱 짙게 바르고

경제

외교

인사

촛불

야구장을 방문해 키스타임을 가진 이명박 대통령 내외의 모습이 화제입니다. 신문에 실린 두 분의 키스 모습은 저에게도 충격적으로 다가와 한동안 뇌리에서 떠나질 않았습니다. 이명박 대통령의 키스하는 모습을 여러 상황에 적용해보았습니다.

권력의 보양식

공정사회

공룡사회

선진국으로

선진국으로

날치기로 통과된 4대강 예산, 영일대군으로 불리는 대통령 형님의 지역구 예산은 마치 국민들의 혈세를 빨아들이는 권력의 블랙홀을 연상케 합니다. 권력의 바다에 흐르는 혈세의 냄새를 맡은 상어 떼가 꾸역꾸역 모여들고 있습니다.

천국행 티켓

부자가 천국에 가는 것이 낙타가 바늘구멍 통과하는 것보다 어렵다는 말도 이제 옛말이 되었습니다. 천국으로 가는 꿈도 돈으로 살 수 있는 시대입니다. 대형 교회의 목사님들께서 천국의 길로 인도하십니다.

위기의 본질

전 세계적인 글로벌 금융 위기와 재정 위기의 회오리바람이 어두운 먹구름을 몰고 옵니다. 자본주의라는 기차는 인간의 노동과 제조업을 멀리 떠나 금융 카지노를 거쳐 이제 그 종착역을 향해 달려가고 있습니다.

뛰는 놈 위에 나는 놈

대통령의 측근 비리가 곳곳에서 터져 나오고 있는 가운데 이명박 대통령은 "우리 정권은 돈 안 받는 선거를 통해 탄생하지 않았느냐"며 "도덕적으로 완벽한 정권이므로 조그마한 흑점을 찍으면 안 된다"고 말합니다. 내로라하는 뻔뻔왕들의 고개가 절로 숙여집니다.

흩어지면 죽는다

'뭉치면 살고 흩어지면 죽는다'는 이승만 대통령의 가르침을 따라 한국 기득권층은 끈끈한 단결력을 과시합니다.
내가 하면 단결이지만 남이 하면 불법 집회입니다.

주어가 없잖아

주어가 없다는 어처구니없는 이유로 BBK를 덮었습니다. 눈 가리고 아웅도 이제 지겹습니다.
진실은 분명히 밝혀집니다. BBK는 아직 끝나지 않았습니다.

BBK 특집

심증은 북풍, 물증은 코풍

2010년 5월 29일

짜장면

2011년 9월 5일

낭만 BBK

심증은 북풍, 물증은 코풍

본인이 직접 출연해서 BBK를 만들었다고 말하는 동영상 증거가 있습니다. 언론사 사장, 대선 후보와 대기업 간부가 몰래 만나 불법 정치자금 관련 대화를 나눈 녹음테이프가 있습니다. 당사자들은 코웃음만 칩니다.

짜장면

2011년 8월 31일은 1986년에 정한 외래어표기법에 의해 '자장면'으로 불리던 짜장면이 25년 만에 제 이름을 찾은 날입니다. 짜장면을 짜장면이라고 마음껏 불러보느라 중국집은 손님들로 가득합니다. 부르고 싶은 대로 부를 날은 언젠가 오고야 맙니다.

낭만 BBK

대선 직전 '이명박 대통령이 BBK의 실소유주'라고 주장하며 'BBK 저격수' 역할을 했던 정봉주 전 민주당 의원이 공직선거법 위반으로 구속되면서 BBK 사건이 다시 주목받고 있습니다. 그러나 죽은 김정일이 북 언론뿐 아니라 남쪽의 언론마저 장악할 기세입니다.

점령하라!

월가가 상징하는 자본주의에 반발한 '월가를 점령하라' 시위가 전 세계로 확산되고 있습니다. 자본주의의 힘이 베를린장벽을 무너뜨리고 신자유주의의 패러다임을 구축해온 지 20여 년이 지난 지금 1%를 위한 신자유주의의 성벽이 무너질 위기에 처해 있습니다.

나는……?

미국 정부가 한미 FTA 이행 법안을 의회에 제출함에 따라 FTA 국회 비준안 처리를 놓고 국내 정치권의 공방이 뜨겁습니다. 지난 정권에서 FTA를 추진한 바 있는 민주당은 야당이 된 뒤에 입장을 바꾸지만 아직 국민들은 민주당의 정체성에 대해 혼란스러운 감정입니다.

스티브 잡스

미국 애플의 창립자이자 매킨토시, 아이폰, 아이패드 등으로 수많은 '애플빠'를 양산했던 스티브 잡스의 사망으로 전 세계 IT인들의 추모 행렬이 이어집니다. 인생은 짧지만 그가 남긴 아이폰은 여전히 지구인들의 사랑을 받고 있습니다.

폭탄주

한나라당 신지호 의원이 폭탄주를 마시고 토론 프로그램에 출연해 빈축을 사고 있습니다. 게다가 신 의원은 "술 먹으면 말을 더 잘한다. 그런 것을 갖고 비열하게 하면 안 된다"고 말합니다. 술이 아직 덜 깬 모양입니다.

국민은 패닉, MB는 패닉룸

나라에 큰일이 생기면 대통령은 안전한 벙커로 들어가시곤 했습니다. 임기를 마치고 청와대를 떠난 후에 '나의 살던 벙커'가 그리우실까봐 벙커형 사저를 설계 중입니다.

나는 1%다

'나는 99%다'라는 외침이 전 세계로 울려 퍼지고 있습니다. 각종 해괴한 금융 파생 상품의 첨단 기법과 신자유주의 이념을 바탕으로 서민들의 재산을 노략질해간 1%에 대한 분노가 지구촌을 달구고 있지만 1%의 생존 노하우는 하루 이틀 사이에 만들어진 것이 아닙니다.

무엇을 위하여

자유무역은 말 그대로 국가 간 무역 장벽을 걷어내고 세계시민으로서 자유로운 교역 활동을 하는 것입니다. 그러나 그것은
소수 계층 간의 자유일 뿐이지 다수 국민들은 국가주의와 민족주의의 담장 안에 갇혀 착취를 요구당하고 있습니다.

구조적 동일성

오바마 대통령은 미국을 방문 중인 이명박 대통령에게 "이 대통령과의 관계에서 정을 느낀다."며 '정'(情)이란 단어를 한국
어로 언급함으로써 한국과 이명박 대통령에 대해 호감을 드러냅니다. 정치인들의 쇼맨십은 어느 나라나 비슷합니다.

99%

전 세계적으로, 99% 민중들이 상위 1%가 부를 독점하는 신자유주의 체제에 반기를 들고 있습니다. '월가를 점령하라'로 시작된 세계 시민들의 '우리는 99%다'라는 외침은 한국에도 퍼져나가고 있는데 이거 색깔론으로 진압하기도 힘들고 골치 아픕니다.

新 SNS

서울시장 보궐선거에 출마한 나경원 의원과 박원순 변호사가 접전을 벌이고 있습니다. 인터넷과 트위터를 통한 젊은 층의 활발한 활동과 토론은 올드 미디어를 통해 권력을 창출하는 데 익숙한 기득권 세력에겐 못마땅한 일입니다.

놀라운 후각

트위터로 국회의원들에 대한 낙선운동을 이끌다가 선거법 위반 혐의로 기소된 회사원에게 법원이 유죄판결을 내려 벌금 100만 원을 선고합니다. 어렵게 피워놓은 민주주의의 꽃이 시들어가고 있습니다.

사파리

나경원 서울시장 후보와 관련, 1억 원대 피부클리닉에 다녔다는 보도와 다이아몬드 반지 축소 신고 의혹 등 서민층들에 위화감을 주는 내용들이 연이어 쏟아집니다. 서민층 마을로 표 구하러 갈 땐 서민 옷으로 잘 위장해야 한다고 누군가 가르쳐준 사실을 잊은 모양입니다.

퍽퍽과 팽팽의 차이

웰빙당의 국회의원들을 보면 얼마짜리 관리를 받으시는지 다들 피부도 좋고 잘생겼습니다. 권력층의 피부가 좋아질수록 서민들의 피부는 푸석푸석해집니다.

낮은 자세

오세훈 전 서울시장의 무상 급식 찬반에 대한 주민투표 강행으로 빚어진 서울시장 보궐선거는 결국 한나라당이 참패하는 결과를 낳습니다. 정부 여당에 대한 민심 악화로 대책 마련이 시급한 상황이지만 정권은 꼬투리 잡을 궁리만 하고 있습니다.

부자의 자격

신세계 정용진 부회장이 출근길 교통 정체를 참지 못하고 벤츠 미니버스를 구입해서 버스 전용차로를 이용하는 것으로
알려져 네티즌들의 비난을 받습니다. 이런 부자들이 득실거리는 가운데 돋보일 수 밖에 없는 부자가 있습니다.

젊은 층 속으로

한나라당은 서울시장 보궐선거에서 젊은 층의 이탈이 심각함을 깨닫고 젊은 표심을 얻기 위한 노력을 다각도로 펼칩니다.
한나라당 식으로 말입니다.

용이로소이까?

열심히 공부하고 노력해서 용이 되신 분들이 각계에서 리더십을 발휘하고 있습니다. 그러나 영혼이 없는 용은 대한민국의 수많은 민중들을 억압과 착취의 수렁으로 끌고 간다는 것을 역사가 말해주고 있습니다.

믿습니다

미국을 비롯한 세계경제가 최악의 상황입니다. 경제학자들이 30년대 세계 대공황보다 무서운 위기가 도래할 것이라는 예측을 내놓는 가운데 각 국가들은 생존 대책 마련에 분주합니다. 그래도 미국은 든든한 도우미들 덕에 한시름 놓고 있습니다.

재벌 손바닥

이명박 대통령이 퇴임 후 거처하려고 추진하던 내곡동 사저 건립 계획이 부동산 실명제 위반 및 불법 국고 지원 의혹 등으로 반대 여론에 부딪쳐 무산됩니다. 그러나 튼튼한 사저가 없더라도 임기 중 덕을 많이 쌓았으니 퇴임 후 안전에 대해서는 걱정이 없다는 표정입니다.

박원순 서울시장

무소속 박원순 후보가 서울시장으로 선출됩니다. 서울시 재개발 정책과 토건사업에 대해 반대 입장을 가진 박원순 시장의 등장으로 토건족들은 비상입니다. 동학농민운동을 진압하는 데 일본군의 도움을 받은 역사가 다시 반복되지 않기를 기대할 뿐입니다.

낮말도 밤말도 쥐가 듣는다

민간인 사찰의 전모가 밝혀지고 있습니다. 대한민국이 거꾸로 가고 있습니다. 어디가나 말조심을 해야 했던 유신 시절이 떠오릅니다.

민간인
사찰
특집

심부름센터

2010년 11월 6일

지켜보고 있다

2010년 11월 12일

중독은 괜찮아

심부름센터

청와대가 민간인 불법 사찰에 일명 '대포폰'을 동원한다는 사실이 폭로됩니다. 윤리지원관실의 주무관이 컴퓨터 하드디스크를 영구 삭제하기 위해 대포폰으로 통화했으며 이는 청와대 행정관이 공기업 임원 명의를 도용하여 비밀 통화를 위해 지급한 것이라고 합니다. 소규모 영세 심부름센터 업자의 하소연이 들립니다.

지켜보고 있다

G20 정상회의를 개최합니다. '음식물 쓰레기 배출을 자제해주십시오. 세계가 지켜보고 있습니다. 노숙을 자제해주십시오. 세계가 지켜보고 있습니다. 선진국 시민답게 행동해주십시오 세계가 지켜보고 있습니다.' 정부의 인권 탄압에도 세계가 손가락질하고 있습니다.

중독은 괜찮아

부산에서 한 중학생이 컴퓨터게임 때문에 어머니를 살해하고 스스로 목숨을 끊은 참극이 발생합니다. 게임 중독이 심각한 사회문제로 비화되고 있는 가운데 정부는 게임 안 하고 현실 문제에 관심 갖는 민간인의 사생활을 꼼꼼히 감시하고 있습니다.

오스카 남우주연상 후보

오세훈 전 시장의 디자인 서울 프로젝트는 서울시가 폭우에 잠기는 사상 초유의 어드벤처를 경험하게 하였습니다. 뉴라이트 교과서는 과거 독재자의 망령을 부릅니다. 이명박 대통령이 미국 방문 때 연설한 글은 미국 로비업체에서 사온 것임이 밝혀집니다. 영화 같은 일들이었습니다.

〈스파르타쿠스〉 한국판

대학수학능력시험을 위해 관공서 및 기업체의 출근 시간이 조정되고 비행기 이착륙이 금지되는 등 전국이 수능 비상 체제로 돌입합니다. 인생을 걸고 싸우는 검투사들의 살벌한 싸움이 벌어집니다.

괴담, 덕담, 악담

한미 FTA가 발효되면 의료 환경은 어떻게 변할지, 빈익빈은 더욱 가속화할지, 농민들은 어떻게 해야 할지 걱정이 앞섭니다. 정부는 공포심을 조성하는 괴담을 퍼뜨리는 반미 좌익분자들을 색출한다며 으름장을 늘어놓을 뿐입니다. 그러나 진짜 조심해야 할 것은 덕담입니다.

미친 사회

한나라당 홍준표 대표는 자신의 트위터에서 제도 언론보다 인터넷 공간의 괴담이 더 널리 유포된다면 그것은 인세인 소사이어티(insane society · 광기의 사회, 미친 사회)라고 합니다. 지금이 정상적으로 돌아가는 사회라고 생각하는 분들에겐 그럴 겁니다.

111111

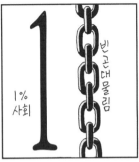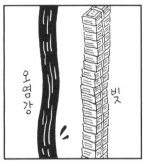

2011년 11월 11일에 태어난 아이들은 1이 6개로 된 주민등록번호를 받게 됩니다. 이날 제왕절개수술에 산모들이 몰렸다는 뉴스도 있었습니다. 아이들이 행복한 삶을 살기 위해 필요한 것은 주민등록번호가 아니라 상식과 정의가 통하는 사회일 것입니다.

은혜 갚는 친일파

안철수 교수가 주식 절반을 사회에 환원한 것은 한국 사회가 제공한 기회에 대한 보은이라고도 할 수 있을 것입니다.
그런데 수많은 노동자들의 피와 땀을 착취해 부를 쌓은 세력들은 그 은혜를 엉뚱한 데에 돌리고 있습니다.

미국만 믿어요

'재정 건전성 강화를 위한 애국적 백만장자'라는 미국의 백만장자 모임 회원들이 미 의회와 오바마 대통령을 찾아가 자신들의 세금을 올려달라는 청원을 합니다. 이 같은 부자들의 행동이 미국 사회를 더욱 튼튼하게 만들고 있습니다.

미국바라기

국민들의 반대 여론에도 불구하고 한미 FTA를 불도저 정신으로 밀어붙인 이명박 대통령은 미국에서 상 하나쯤 받아야 할 것 같습니다. 배알도 없이 미국의 이익을 위해 헌신하는 대가로 받는 상이니 'NO 배알' 상이 어떨까요?

빨대의 달인

언론계와 시민 단체의 반대 여론을 밀어내고 마침내 조선, 중앙, 동아의 종합편성 채널이 개국합니다. 천문학적 비용의 투입과 화려한 개국 이벤트에도 불구하고 종편 채널의 시청률은 쥐똥만큼도 안 되는 수준을 기록합니다. 이제 국민들이 외상값을 갚을 때입니다.

뿌리 깊은 본색

한나라당이 서울시장 선거 패배 이후 소장파 의원들을 중심으로 쇄신의 노력을 기울이고 변화의 의지를 보입니다. 그러나 한나라당 의원의 비서가 서울시장 선거에서 선관위를 무력화하기 위해 디도스 공격을 감행했다는 사실이 밝혀져 그 본색이 드러납니다.

무역 1조 달러 시대

대한민국이 마침내 무역 1조 달러를 달성합니다. 보릿고개를 겪던 후진국에서 반세기 만에 무역 1조 달러의 고지를 밟은
쾌거에 전 세계 국가들이 놀라워하지만 화려한 외형을 가꾸기 위해 포기한 가치들이 많은 현실입니다.

뒤집힌 세상

비리 잡는 검사가 비리를 저지릅니다. 투표를 독려해야 할 정치권이 선관위를 디도스 공격해 선거를 방해합니다. 땅 투기를
규제해야 할 정부가 땅 투기를 하라며 각종 부양책을 내놓습니다. 친일 매국 세력과 그의 후손들이 큰소리칠 때 독립운동가
후손들은 생계 곤란으로 눈물을 흘립니다.

욕하세요

이명박 대통령의 부인 김윤옥 여사가 "대통령이라는 자리가 쉬운 자리가 아니다. 잘해도 욕먹고 못해도 욕먹고, 욕먹는 게 기본. 그래서 욕먹는 데 신경 안 쓴다. 인터넷에서 뭐라 그러면 저는 무조건 패스한다"며 통 큰 여론관을 피력하십니다.

과메기도 한철

12.12 쿠데타로 권력을 탈취한 전두환, 노태우 두 전직 대통령도 감방 생활을 했습니다. 영일대군으로 불리며 세상을 호령한 이상득 의원의 보좌관이 뇌물 수수 혐의로 구속 수감됩니다.

철강보다 철판

포스코 박태준 명예회장이 84세의 일기로 별세합니다. 포항제철을 설립하여 한국의 철강 산업을 세계 최고 수준으로 끌어올린 철강왕의 빈소에 추모 행렬이 이어지고 있습니다.

소수보다 극소수

국내 최초로 병역거부를 위한 망명자가 나옵니다. 캐나다 이민·난민심사위원회가 평화주의 신념과 동성애 지향을 이유로 병역거부를 한 김모 씨의 망명 신청을 받아들여 난민 지위를 부여합니다. 대한민국이 경제 대국이라고 해도 소수자를 포용할 만큼 크지는 않은 모양입니다.

비리비리

임기 말, 대통령의 측근과 친인척의 비리가 연일 터져 나옵니다. 많이들 잡수시는데 왜 대외적으로는 힘을 못 쓰고 끌려다
니기만 하는지 모를 일입니다.

김정일의 교훈

북한의 김정일 국방위원장의 갑작스러운 사망 소식이 국내의 모든 뉴스를 뒤덮습니다. 북한의 권력 승계 문제와 향후 남북
관계의 전망 등 언론은 한동안 북한 관련 소식으로 도배가 될 것입니다.

이번엔 뭘 먹지

4대강 공사, 재벌 프렌들리 정책 등과 함께 서민 복지의 후퇴를 가져온 이명박 대통령이 신년 인사를 통해 "올해를 되돌아
보면 서민 생활은 매우 힘들었다. 이런 모든 일을 생각하면 잠이 오지 않고 가슴 아프다"고 말합니다. 대통령 말씀에 분노
한 서민들이 잠을 이루지 못합니다.

징글징글

거리에 캐럴송이 흐르는 크리스마스 전날 밤입니다.
산타할아버지는 우는 아이에게 선물을 안 주신다니 울음을 참아보려 하지만 쉽지 않은 현실입니다.

그들만의 로맨스

국민들이 최소한의 인간적 생활을 영위할 수 있도록 보편적이고 지속적인 복지 제도를 마련하는 것은 선진국가를 지향하는 나라의 필수 조건입니다. 그러나 지금 한국에선 표를 위해 연말에 양로원에서 사진 찍는 분들이 되려 복지 확대 주장을 포퓰리즘이라며 비난하고 있습니다.

어디서 배웠을까?

또래들로부터 온갖 방식으로 괴롭힘을 당한 중학생이 투신자살해 어른들을 큰 충격에 빠뜨립니다. 학교 폭력이 아이들을 극단적인 선택으로 내몰고 있습니다. 그들은 어디에서 그런 흉폭함을 배웠을까요?

네 탓이오

학교 내 폭력과 왕따 문제가 심각합니다. 입시에 매몰된 교육제도는 점수 기계만을 양산할 뿐 인간으로서의 성장을 가로막고 있습니다. 게다가 모든 문제를 개인 탓으로 돌리는 풍토는 아이들을 극단적 상황으로 몰아붙입니다.

도지사입니다

대미를 화려하게 장식한 스타는 단연 김문수 도지사였습니다. 119 상황실에 전화를 건 김문수 도지사에게 소홀히 응대한 죄로 소방관들이 좌천까지 당한 사건은 네티즌들이 무수한 패러디를 만들어내는 소재가 되었고 오랜 기간 비아냥의 대상이 됩니다.

도둑적으로 완벽한 정권

측근 비리에 이어 친인척 비리에 친형까지, 대한민국이 비리 공화국으로 바뀌고 있습니다. 그러나 이 정권은 반성할 줄 모릅니다. 그래서 도덕이 아니라 도둑적으로 완벽하다고 합니다.

측근 비리 특집

거짓말의 학습 효과

2010년 3월 10일

태산 명동 서일필

2010년 11월 9일

처음부터 소도둑

거짓말의 학습 효과

이명박 대통령은 "집권 3년차에 토착 비리와 교육 비리, 권력형 비리, 이 세 가지 비리에 대해 엄격히 해나갈 것"이라고 말했습니다.
말 따로, 행동 따로, 처지 따로인 세상입니다.

태산 명동 서일필

인사 청문회에서 터져 나온 각종 의혹과 민간인 사찰 사건, 그를 덮기 위한 것으로 의심되는 검찰의 대대적인 대기업 사정과 청목회
정치자금 사건 등으로 나라가 요동칩니다. 그러나 나오는 것은 쥐 한 마리뿐입니다.

처음부터 소도둑

대통령 후보의 도덕성을 중요하게 생각하지 않은 결과는 참혹하기 이를 데 없습니다.
유권자들은 고통 속에서 깨달음을 얻고 있습니다.

도지사입니다

상상력

4장

미래를 위하여

– 역사는 되풀이 되는가

아! 김근태

민주화 운동의 큰 별 김근태 민주통합당 상임고문이 2012년의 해가 뜨기도 전에 64세를 일기로 별세합니다.
어렵게 쌓아온 민주주의의 가치들이 위협당하고 있는 시기여서 마음이 더욱 무겁습니다.

전화 받는 사람 누구요

김문수 도지사가 소방관과 원활하게 통화하지 못한 것은 뿌리 깊이 박힌 권위의식 때문이라고 생각합니다. 소통은 서로에
대한 신뢰와 존중을 바탕으로 가능한 것이지 권위와 무력을 통해 일방적으로 이룰 수 없는 것입니다.

눈물이 달콤한 사람들

송아지 값이 1만 원 대로 떨어지는 등 소 값 파동에 축산 농가의 한숨이 땅을 꺼지게 하고 있습니다.
서민들의 눈물은 마를 날이 없지만 그 눈물을 닦아줄 위정자들은 탐욕에 눈이 멀어 있습니다.

선처

횡령 혐의로 수사를 받아온 SK그룹 최태원 회장이 불구속 기소됩니다. 검찰은 투자금 횡령 혐의는 분명하나 경제가 어려운
시기임을 감안해 기업 총수의 불구속을 결정했다고 발표합니다. 그럼에도 불구하고 언제나 그렇듯이 서민 경제는 좋아질 기
미가 안 보입니다.

삼성대국

삼성전자가 사상 최대의 실적을 올립니다. 수출 증대를 위한 정부의 고환율 정책과 대기업 감세 정책 등 비즈니스 프렌들리
의 깃발 아래 노동자들은 오늘도 피땀을 흘리고 있습니다.

입 닦고 쇄신

한나라당이 전당대회 때 돈 봉투를 살포했다는 고승덕 의원의 폭로가 쓰나미 급으로 한나라당을 덮치고 있습니다.
총선을 앞두고 만신창이가 된 한나라당은 역사적으로 효과가 검증된 당명 개정이라는 필살기 카드를 꺼냅니다.

빵과 장미

표를 얻기 위해선 거짓말을 밥 먹듯 해야 합니다. 당권 장악을 위해선 돈 봉투를 살포해야 합니다. 이러한 구시대적 정치를 지금도 애용하는 사람들이 있습니다.

봉투공화국

당 대표 자리에 자기 사람을 앉히려 정치인들에게 뿌린 봉투, 유전무죄를 위해 법조계에 뿌린 봉투, 관료들이 퇴직 후 취업한 기업에서 받는 전관예우 월급봉투, 국민을 위해 일해야 하는 사람들이 낚싯바늘에 걸린 물고기처럼 봉투를 물고 팔딱거립니다.

다 니들 때문이야

학교 폭력이 커다란 사회적 문제로 이슈화되고 그 해결책에 대한 논의가 활발한 가운데 일부 언론과 방송통신위원회가 인터넷 연재만화를 학교 폭력의 주범으로 지목하여 규제할 움직임을 보입니다. 약해 보이는 존재를 골라 폭력을 행사하는 행동의 모범이 되겠네요.

우린 걱정 없지롱

비즈니스 프렌들리 정권 하에서 재벌들의 횡포에 지친 중소기업과 노동자들의 한탄이 쏟아지고 정치권도 경제민주화를 대선의 화두로 내걸고 있습니다. 그러나 차기 정권이 재벌과 관련해 어떤 노선을 취할지 재벌들은 크게 걱정하지 않는 표정입니다. 재벌공화국이니까요.

왕따

북한 트위터 계정을 리트윗하고 북 체제를 풍자해온 박정근 씨가 국가보안법 위반으로 구속됩니다. 개인이 모여 집단을 이루는 것이지 집단이 개인을 만드는 것이 아닙니다. 다양한 사고와 색깔을 지닌 개인들이 조화롭게 어울려 살아가는 집단이 선진적인 민주사회라 할 수 있을 것입니다.

퍼주기 스테미너

한미 FTA 체결로 많은 이득이 예상되는 미국이 이번에는 이란 원유 수입 감축 등 이란 핵 개발 제재에 동참할 것을 요구하고 있습니다. 또한 정부는 KTX 민영화를 추진하여 재벌의 군침을 흘리게 하고 있습니다. 지치지 않는 퍼주기입니다.

장태완

12.12 쿠데타를 진압하려다 실패하고 강제 예편된 고 장태완 장군의 부인이 투신자살합니다.
참 군인의 비극적인 가족사를 접한 많은 사람들이 안타까움을 금치 못합니다.

또 비리

이번엔 외교부가 개입한 다이아몬드 광산 개발 업체 주가조작 사건이 터집니다. 하루가 멀다 하고 쏟아지는 비리 사건을
'태산명동서일필'(태산이 떠나갈 듯 요동하더니 나온 것은 쥐 한 마리 뿐이다)로 처리하느라 검찰도 바쁜 나날입니다.

그 도가니엔 뭐가 들었나?

위키리크스는 이상득 의원이 "이명박 대통령은 뼛속까지 친미·친일이니, 그의 시각에 대해선 의심할 필요가 없다"고 말한 것으로 기록되어 있는 주한 미 대사관 외교 전문을 폭로합니다. 어떤 논객은 이명박 대통령의 머릿속엔 삽 한 자루가 들어 있다고 말한 바도 있습니다.

따로따로

재벌에 대한 각종 규제를 완화하고 감세 정책을 펼치면서 한편으로는 상생을 요구하고 불만을 표시합니다.
네티즌들은 이를 유체 이탈 화법이라고 부릅니다.

모두가 좌파 때문이야

무슨 일만 터지면 색깔론의 망령도 함께 부활합니다.
손바닥으로 해를 가릴 수 없듯이 좌파라는 이름으로 진실을 덮을 순 없습니다.

레드
콤플렉스
특집

믿음 천국, 불신 좌파

2010년 5월 27일

주체사상

2010년 7월 23일

호환, 마마보다 무서워요

믿음 천국, 불신 좌파

검찰과 경찰이 6.2 지방선거를 앞두고 인터넷을 통해 퍼지고 있는 각종 천안함 의혹을 유언비어 유포 사건으로 규정하여 단속하는 등 고강도 수사에 나섰습니다. 감추는 것이 많을수록 의혹도 많아지는 법이지만 이 나라에서는 의혹을 가질 자유가 없습니다.

주체사상

국제적 컨설팅 업체 맥킨지앤드컴퍼니가 세계 주요국을 대상으로 설문 조사를 실시한 결과, 한국은 글로벌 경기 침체에도 명품 구입에 대한 지출이 증가하여 한국인이 명품에 가장 호의적인 것으로 조사됐다는 보도입니다. 마침 재외 한국 대사관은 교민과 여행객들에게 국가보안법 처벌 대상이라며 북한 식당 이용에 대해 금지 통보를 했다는 보도가 있었습니다.

호환, 마마보다 무서워요

구제역으로 매몰된 가축들에서 흘러나오는 침출수는 비료로 쓰면 되고, 일본의 방사능은 편서풍 때문에 한반도로 날아오지 않으니 안심하세요. 뭐가 터지든 안심하세요. 단, 촛불은 위험하니 들고 다니지 마세요.

개명형통

한나라당 비상대책위가 당 쇄신 작업의 일환으로 당명 개정을 추진합니다. 이름 바꿔 과거를 덮는 건 정당이나 재벌이나 마찬가지인 것 같습니다. 탈법적 경영 승계 작업과 비자금 조성 및 관리를 총괄하는 핵심 부서의 이름도 여러 번의 변천 과정을 겪어왔습니다.

'가'관

하늘에서 내려다본 도시의 풍경은 어떠할까요? 한마디로 '가'관입니다.

동토의 왕국

지구촌을 얼어붙게 만드는 살인적인 한파가 한국에도 몰아칩니다. 강추위에 각종 사고가 속출하고 학교는 임시휴교령을
내립니다. 강추위는 겨울이 지나면 물러가게 마련이건만 재벌 공화국이 몰고 온 한파는 날이 갈수록 매서워지기만 합니다.

트랜스포머

집권 여당이 새누리당이라는 이름으로 새 출발을 선포하지만 당내의 반발과 야당의 조롱이 쏟아집니다.
파격적인 당명과 정강, 정책의 개정을 통해 위기의 수렁에서 필사의 탈출을 시도합니다.

고마움

서울시장 보궐선거는 집권당의 비리와 실정에 대한 심판의 기회였습니다. 박원순 서울시장은 그러한 시민들의 열망을 수용해 개혁적인 시정을 펼칩니다. 오세훈 전 서울시장이 시장직을 건 무상 급식 주민 투표를 강행하지 않았더라면 맛볼 수 없는 일들입니다.

변장의 달인

자녀의 명의로 설립한 회사에 일감을 몰아주고 경쟁 중소업체를 몰락시킵니다. 자영업자들이 어렵게 일으켜놓은 골목 상권을 막강한 자금력과 조직력으로 삼켜버립니다. 기업가적 정신은 찾아볼 수 없는 한국 재벌의 천박함을 감추려면 수입 명품 옷이라도 걸쳐야 합니다.

필승 골리앗

대기업의 대형마트와 기업형 슈퍼마켓이라는 골리앗과 싸우는 중소 상인들의 비명도 이제 얼마 남지 않은 실정입니다. 총선을 앞두고 지자체들은 대형유통매장 영업시간 규제에 나섭니다.

국민만 믿습니다

대한민국의 집권 세력들은 지쳐 있는 국민들에게 "우리 국민들은 어떠한 위기 상황도 슬기롭게 극복하고 근면 성실한 자세로 온갖 역경을 이겨냈습니다"라며 힘과 용기를 불어넣어줍니다. 그리고 또 위기 상황과 역경을 가져다줍니다.

광신 사회

잡귀를 몰아낸다며 감기에 걸린 자녀 세 명을 폭행하고, 금식 치료를 명분으로 굶겨 숨지게 한 사이비 종교 광신도 부부가 경찰에 붙잡힙니다. 광신도는 결코 자신이 광신도라는 사실을 모릅니다. 광신적 사회도 마찬가지입니다. 아이들을 위한 일이라고 믿을 뿐입니다.

골그룹

한국의 문화 콘텐츠가 국경을 넘어 지구촌 사람들에게 향유되고 영향을 주어 새로운 작품을 탄생시키는 요인이 된다는 것은 분명 좋은 일입니다. 다만 국내의 다양한 문화적 콘텐츠가 자생할 수 있는 기반이 튼튼해야 한류의 수명도 길게 유지될 것입니다.

국민 전문가 시대

경제가 무너지고 외환 위기를 맞았던 시절, 온 국민은 생소한 경제 용어를 익히느라 분주했습니다. 도덕성이 무너진 지금,
쉴 새 없이 터져 나오는 각종 의혹을 추적하느라 전 국민이 눈코 뜰 새 없습니다.

친해지기

중국의 시진핑 국가 부주석이 미국을 방문, 30조 원에 달하는 미국 제품 구매 계약을 맺는 등 선물 보따리를 안겨줍니다.
중국의 시장 개방 문제에 대한 미국의 불만을 의식한 것이었습니다. 중국의 선물에 대해 오바마는 중국 식당을 찾는 이벤
트로 화답합니다.

지금은 곤란하니 잠시 기다려 달라

일본 교과서에 독도가 일본 땅이라는 주장이 실리는 것에 대해 2008년 이명박 대통령이 일본 총리에게 "지금은 곤란하다. 기다려달라"고 했다는 당시 〈요미우리 신문〉의 보도가 위키리크스의 외교 문서 공개를 통해 사실로 밝혀집니다.

구럼비

제주 해군기지 건설 추진 강행에 대한 시민사회·환경단체와 주민들의 반대가 거셉니다. 수십만 년 동안 평화롭게 제주의 해안을 지켜온 강정마을 구럼비는 한반도 평화를 위협하는 군사시설을 위해 사라질 운명을 맞이하고 있습니다.

경제독립만세

일제의 탐욕적 손길이 동아시아를 덮치고 친일파들은 침략자의 지배를 합리화하는 논리를 전파하고 있을 때 독립 만세를
외친 유관순은 시대의 흐름을 깨닫지 못한 불순분자로 취급되었습니다. 한미 FTA 추진 강행을 반대하는 시민들의 외침이
삼일절 하늘에 울려 퍼지고 있습니다.

세습의 동질성

북한이 김정은 세습 체제의 기반을 강화하는 작업을 본격화합니다. 김정은의 현지 지도 선전과 우상화 교육을 벌이는 한편
탈북자들에 대한 감시와 처벌을 강화하고 있습니다. 북이나 남이나 3세 세습 때문에 주민들은 고달픕니다.

친일파를 청산하지 못한 것이 대한민국 현대사의 첫 오점입니다.
잘못 낀 첫 단추가 아직도 우리의 목을 죄고 있습니다. 우리는 아직도 친일의 그늘에 있습니다.

약

2010년 4월 8일

뒤로 가는 4.19

2010년 4월 19일

철옹성이 된 성지

약

일본 정부가 소학교 교과서에 독도 영유권 명기를 강화토록 하여 일본 정부가 독도가 일본 땅이라는 주장을 되풀이합니다.
이웃을 생각하지 않는 유아독존적 억지 주장이 과연 그 나라의 어린이들에게 어떤 영향을 끼칠지 우려스러울 따름입니다.

뒤로 가는 4.19

4.19 혁명 50주년을 맞는 마음이 착잡합니다.
민주화를 염원하는 수많은 시민들이 쓰러뜨린 이승만 독재 정권이 50년의 세월이 흐른 지금 건국의 아버지로 추앙받고 있습니다.

철옹성이 된 성지

북한 김정일 국방위원장이 중국을 방문, 선친인 김일성 주석의 항일 유적지를 돌아봅니다. 권력 승계의 정당성 과시를 위한 '혁명 성지순례'라는 해석입니다. 대한민국의 권력층이 철저하게 신봉하고 보호하는 성역은 어디인지 생각해보았습니다.

먹고 또 먹고

청와대 행정관이 국무총리실 공직윤리지원관실 주무관에게 불법 사찰 증거 인멸을 지시한 사실이 드러납니다.
어둠 속에서 펼쳐지는 MB 정권의 활약상에 국민들은 머리에 쥐가 납니다.

부서지지 않는 것들

4.11 총선을 앞둔 민주당이 공천 홍역을 앓고 있습니다. 계파 간 나눠 먹기, 정체성 없는 공천 등의 모습에 비난 여론이 일고 있
지만 당 지도부는 꿈쩍도 하지 않는 오만함을 보이고 있습니다. 구럼비는 발파되어 산산조각으로 흩어지던 날들이었습니다.

엠비네이터

하루가 멀다 하고 정권의 비리가 터집니다. 구럼비 바위를 박살 낸 다이너마이트를 능가하는 폭발력의 스캔들이 터져도 도덕적으로 완벽한 정권은 끄떡도 안 합니다.

자본주의는 피를 먹고 자란다

자본은 더욱 많은 자본을 거두려는 속성이 있습니다. 인간은 인간적 삶을 영위하기 위해서가 아니라 잉여 자본을 축적하기 위해 끊임없이 생산하고 소비해야 하고 그에 필요한 에너지를 확보해야 합니다. 후쿠시마 참사 1년을 맞는 지금 세계는 자본주의의 위기 또한 겪고 있습니다.

춘추전국

4.11 총선을 앞두고 각 정당의 공천 과정에서 탈락한 세력들이 독자 생존을 모색하는 움직임이 활발합니다. 게다가 2년 간 호텔 숙박비로 법인카드액 1억 5,000만 원을 썼다는 '숙박왕', 대리운전비로 659만 원을 썼다는 '대리왕' 등 밤을 책임지는 군소 군주들도 난립하고 있습니다.

근조 위에 10조

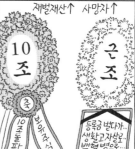

한국 증시 역사상 최초로 이건희 삼성전자 회장의 보유 주식 가치가 10조 원을 돌파합니다. 삼성전자 반도체 공장의 노동자들은 백혈병과 싸우며 제품을 생산하느라 회장님께 축하의 박수도 쳐드릴 힘이 없습니다.

노무현 때문입니다

한미 FTA가 발효된 첫날, 정치권에서는 환영과 폐기 주장의 목소리가 난타전을 벌입니다. 총선을 앞둔 여야 각 당은 FTA 관련 민심 확보에 힘을 쏟고 있는데 여당은 특히 FTA 추진의 책임을 노무현 정권에 돌리면서 반대 여론을 무마하려는 꼼수를 보입니다.

북소리

나라에 큰일이 있을 때마다 국민들에게 단합과 애국심을 요구합니다.
그리고 그 과실은 소수 계층이 수확합니다.

20대 전성시대

새누리당이 젊은 층을 끌어안기 위한 노력을 펼치고 있습니다. 27세의 이준석 씨를 비대위원으로 임명한 데 이어, 27세의 손수조 씨를 파격 공천하여 관심을 끌고 있습니다. 새로운 북한 지도자 29세의 김정은도 광명성 발사를 지시하여 북풍을 불어줍니다.

청소 당번

각종 비리와 실책으로 얼룩진 집권 여당은 총선을 앞두고 선거의 여왕 박근혜 비대위원장의 영도 하에 쇄신 작업을 하고 있습니다. 그러나 청소할 때 쓰레기를 치우지 않고 감추어두면 나중에 더욱 썩은 냄새가 퍼질 것입니다.

광명성(星), 강남성(城)

북한은 주민들의 식량난에도 아랑곳없이 천문학적 비용을 광명성 로켓에 쏟아부어 김정은 후계 체제의 안정을 꾀합니다. 신자유주의를 신봉하는 남쪽에서도 역시 부의 집중을 통해 한국의 발전상을 대외적으로 과시하고 기득권의 정당성을 유지합니다.

개그쇼

새누리당은 경제민주화를 공언하면서 친재벌 인사들을 공천합니다. 민주당은 재벌 개혁을 외치면서 재벌 개혁론자들을 공천에서 배제합니다. 삼성전자 직원들이 공정위 조사를 방해해 파문을 일으킨 사건에 격노한 이건희 회장께 바치는 개그쇼입니다.

진정한 종북

천안함 사건 2주기를 맞아 희생 장병들에 대한 시민들의 추모가 이어지고 있고 정부와 보수 언론들은 대북 규탄의 목소리를 드높입니다. 그러나 당시 지휘 라인에 있던 책임자들이 대부분 징계는커녕 오히려 승진했다는 사실에 국민들은 어리둥절해 하고 있습니다.

같이 갑시다

핵 안보 정상회의 참석차 한국을 방문 중인 오바마 미 대통령이 한국 외국어대에서 강연 중에 한국말로 "같이 갑시다"라고 말해 학생들의 박수를 받습니다. 같이 가는 일이 즐거운 층도 있지만 힘든 층도 있습니다.

인생은 쇼야!

선거가 다가오면서 후보들의 허리가 고생입니다. 선거운동 기간에 보여주는 자세가 당선 후에도 유지되길 바랄 뿐이지만 임기 중엔 늘 뻔뻔한 모습만 보여줄 뿐입니다. 퇴임을 하고 노후를 보내는 전직 대통령은 거짓말의 경지에 오릅니다.

수상한 사람

이명박 정부의 민간인 불법 사찰 사실이 국민들을 사찰의 두려움에 떨게 하고 있습니다. 한편으론 사찰을 어떻게 하기에 현 정부의 관료들은 하나같이 땅 투기 등 결격사유를 갖고 있는지 궁금하기도 합니다. 결격사유를 가진 자들만 찾아 임명하는 것이라고 생각할 수밖에 없는 노릇입니다.

나도 피해자

새누리당은 대변인을 통해 "박근혜 위원장은 지난 정권과 현 정권을 막론하고 기관의 정치 사찰과 허위 사실 유포로 극심한 고통을 겪었다"며 박근혜 중앙선거대책위원장이 사찰 피해자임을 강조합니다. 피해자인지 수혜자인지는 역사가 알고 있습니다.

쥐파의 이념

이명박 정부는 임기 초부터 실용주의를 표방해왔습니다. 그러나 하나둘씩 드러나는 비리들은 이 정부가 무엇을 추구하는지 알려주고 있습니다.

스톡홀름 증후군

민간인 사찰을 자행했음이 밝혀지고 각종 비리가 드러남에도 불구하고 기득권층은 자신들의 이익을 높여주는 정권을 지지하는 이기적인 모습을 보여줍니다. 그러나 피해를 입는 서민층이 그 정권을 지지하는 심리는 어떤 것일까요.

먹고 뀌고 보고

서민들의 생활고, 시장 가서 오뎅과 떡볶이 사먹으면 됩니다.
4대강 공사와 FTA 반대, 못 들은 척하면 됩니다.
정부에 대한 민심 악화, 나는 네가 무슨 일을 했는지 알고 있습니다.

못하는 게 없는 북한

'MB는 안 해본 게 없고, 박근혜는 해본 게 없고, 북한은 못하는 게 없다.'
인터넷의 유머입니다. 어쩌면 이 정권에게 북한은 은총인지도 모르겠습니다.

북한
특집

캥거루족

2010년 5월 21일

미풍〈폭풍〈태풍〈북풍

2010년 7월 26일

만능 아이템

캥거루족

정부는 북한에서 제조한 어뢰의 수중 폭발로 천안함이 침몰했다는 최종 발표와 함께 손글씨로 '1번'이라고 적힌 어뢰 동체를 공개합니다. 6.2 지방선거 선거운동 중인 '1번' 한나라당 후보들의 '1번'을 찍어달라는 목소리에 힘이 넘쳐흐릅니다.

미풍〈폭풍〈태풍〈북풍

사조직 영포회 논란에다 민간인 사찰 파문까지 임기 말에 바람 잘 날이 없습니다.
태풍이 이 잔바람들을 다 잠재워주길 바라는 누군가의 간절한 마음이 전해집니다.

만능 아이템

2001년 9.11 테러를 주도한 알카에다의 지도자 오사마 빈 라덴이 미군 특수부대의 작전에 의해 사살되어 오바마 대통령 재선 가도에 청신호가 켜집니다. 미국이 가진 군사력은 미국을 세계 최강의 국가로 서게 해줌과 동시에 미국 내 정치권력의 기반이 되고 있습니다. 대한민국 정권에겐 못하는 게 없는 북이 있습니다.

이게 다⋯람쥐

참여 정부 시절, 무슨 일이 생기면 다 노무현 탓이라고 외쳤습니다. 지금은 조심해야 합니다.

도와주세요

피해자가 범행을 당하는 현장에서 신고 전화를 걸어 도움을 요청했으나 경찰의 늑장 대응으로 토막 살해당한 사건이 국민들을 경악케 하고 있습니다. 정권의 시녀 노릇하느라 민생치안에 소홀한 것 아니냐며 시민들의 비난이 쏟아집니다.

선거의 현실

노동자들을 위한 정치인이 노동자들의 표를 얻기가 어렵습니다. 세계 최고의 근무시간을 자랑하는 노동자들이 땀을 흘리고 있을 때 지배층들은 서로의 이익을 도모합니다.

누구의 지팡이?

수원 여성 토막 살해 사건을 접한 국민들은 치안에 대한 불안감을 금치 못합니다. 그러나 힘 있고 돈 많은 분들에겐 든든한 산성입니다.

자존심

북한의 김정은은 후계 체제를 구축하는 데 성공하고 남한의 박근혜 의원은 총선을 승리로 이끌어냅니다.
광명성 발사가 성공하고 수도권 지역까지 승리했다면 금상첨화였을 텐데 말이지요.

흑묘백묘

집권 여당 새누리당의 당복 색에 대해 말들이 많습니다. 한나라당 시절의 파란색을 보수의 상징으로 여겼는데 갑자기 빨간
색으로 바꾼 것에 대해 특히 보수층들의 불만이 있는 모양입니다. 그러나 색깔이야 아무려면 어떠냐는 MB 정권의 실용주의
노선을 계승합니다.

생각하는 사람

4.11 총선 패배 이후 민주통합당 내에서 서울대 안철수 교수를 영입해 돌파구를 찾아야 한다는 주장이 나오고 있습니다. 일부 언론에서도 안철수 교수의 대선 출마설을 보도하는 등 관심이 폭증하고 있지만 안철수 교수 본인은 여전히 생각에 잠겨 있습니다.

멘붕 시대

성폭행 혐의가 있는 김형태 의원과 논문 표절 의혹이 있는 문대성 의원이 4.11 총선에서 새누리당 의원 배지를 당당히 가슴에 답니다. 멘붕 시대입니다.

전봇대 대신 빨대

지하철 요금을 50% 인상하겠다고 하여 논란을 일으킨 메트로 9호선 주식회사는 채권사 맥쿼리에게 막대한 이자 수익을 안겨주는 사업 구조를 갖고 있습니다. 지하철 외에 터널, 도로 등 각종 기간산업도 민영화 추진을 통해 외국 자본이 잠식하고 있습니다.

이심전심

삼성가의 유산상속 분쟁이 큰 관심을 모으고 있습니다. 소송을 제기한 이맹희 전 제일비료 회장에 대해 이건희 회장은 끝까지 대응해서 이길 것이며 유산은 한 푼도 줄 수 없다는 입장을 밝힙니다. 돈은 피보다 진합니다.

형제보다 동족

최시중 전 방송통신위원장이 파이시티 인허가 과정에서 수억 원의 금품을 받은 사실이 드러나자 대선 때 비용으로 쓴 것이라고 밝혀 큰 파문이 일고 있습니다. 게다가 불법 로비 자금 수수 의혹을 받고 있는 이상득 의원은 박근혜 위원장을 극찬하는 발언을 합니다. 권력 무상입니다.

괜찮아

미국에서 6년 만에 광우병 소가 발견됩니다. 미국에서 광우병 소가 발견될 경우 즉각 수입 중단하겠다던 정부는 미국산 쇠고기 검역 중단 촉구에도 미국 소가 이상 없다는 말만 되풀이합니다.

방송은 누가 하나

바른 말을 하고 진실을 밝히는 것이 언론입니다. 하지만 정권에 장악된 언론은 마사지에 바쁩니다. 언론을 바로 세우는 것이 대한민국을 바로 세우는 첫걸음일 것입니다.

언론
탄압
특집

감시의 왕국

2010년 12월 22일

트루맛쇼

2011년 5월 11일

카드 환영

감시의 왕국

이제 한쪽으로 몰아갈 차례입니다. 이를 위해서 해야 할 일이 있습니다.
감시하고 장악하고, 통제하고 탄압하는 것입니다. 시작은 언론 장악입니다.

트루맛쇼

TV에 나온 맛집의 음식이 맛없는 이유를 파헤친 다큐멘터리 〈트루맛쇼〉가 큰 파장을 몰고 옵니다. 이 다큐멘터리에 열광하는 시청자들은 TV 방송의 신뢰 회복을 위한 언론인들의 노력을 요구하고 있습니다.

카드 환영

파업 중인 MBC 노조가 김재철 사장이 법인카드로 마사지 서비스와 명품 구입 등 개인 용도에 7억여 원을 사용한 사실을 공개하며 낙하산 사장의 퇴진을 더욱 강도 높게 촉구합니다. 국민이 부여한 권력을 마음대로 남용하는 정권과 코드가 맞는 행위입니다.

무엇을 위하여

미국에서 발생한 광우병에 국민들은 불안합니다.
그러나 정부는 국민 건강을 염려하기보다 미국 눈치를 보는 데 익숙합니다.

개코 애완인

미국산 수입 쇠고기의 안전성을 확인한다며 농림식품수산부 장관이 냉동 쇠고기의 냄새를 맡는 사진이 인터넷을 통해 확산
되어 네티즌들의 조롱거리가 되고 있습니다. 미국을 위해 노력하는 모습이 보는 이의 마음을 답답하게 하는 사진이었습니다.

재벌의 본성

재벌은 재산 문제에 있어 피를 나눈 형제 간에도 냉혹한 모습을 보입니다. 하물며 남남에겐 어떻겠습니까.
재벌의 속성이자 돈의 속성입니다.

자승자박

통합진보당이 비례대표 후보 경선 과정에서 다양한 형태의 부실과 부정행위를 저질렀다는 사실이 드러나 국민들의 지탄을
받습니다. 부정 경선 사태가 당권파의 전횡과 패권주의에서 비롯되었다는 비판이 쏟아지고 있습니다.

2MB18nomA

이명박 대통령에 대한 욕설을 연상케 하는 아이디를 사용했다는 이유로 트위터 계정이 차단된 네티즌이 접속을 차단한 조치에 대한 취소소송을 냈다가 패소합니다. 다른 건 다 괜찮아도 각하의 심기를 건드려선 안 됩니다.

잘 쓰겠습니다

저축은행 불법 대출 수사에서 드러나는 각종 비리 행태가 국민들의 분통을 터뜨립니다. 저축은행 대표들이 은행을 사금고로 전락시켜 빼돌린 고객들의 돈의 규모가 1조 3,000억대에 달합니다.

한국과 프랑스

프랑스 대선에서 사회당의 올랑드 후보가 대통령으로 선출됩니다. 경제 위기로 고통을 겪고 있는 프랑스 국민들은 신자유
주의 정책을 펼쳐온 사르코지를 몰아내고 17년 만에 좌파 대통령을 선택합니다.

노동을 회피하라

정부는 침체에 빠진 경기 활성화를 위해 5.10 부동산 대책을 내놓습니다. 언제나 그렇듯이 땅 투기꾼들을 살리려는 정부의
노력이 애처롭기만 합니다.

눈 가리고 다리 꺾고

2012년 5월 15일

어려운 여건 속에서도 조금씩 성장해왔던 진보정당이 통합진보당 경선 부정 사태로 큰 위기를 맞고 있습니다. 정치권은 지금 대한민국의 보수와 진보가 처한 모습을 다시 한번 돌아봐야겠습니다.

뒤MB

2012년 5월 17일

여자 사이클 선수들이 훈련 중 트럭에 치여 사망하는 사고가 일어났습니다. 트럭 운전사의 DMB 시청 때문이라는 사실이 밝혀져 운전 중 DMB 시청에 대한 규제의 필요성이 대두됩니다. 과학기술의 진보는 그 기술을 이용하는 인간의 책임감이 따라주어야 합니다.

묻지마 일심(一心)

불법 사찰 재수사 과정에서 'VIP에게 일심(一心)으로 충성, 비선 보고' 등의 표현이 들어 있는 총리실 내부 문건이 공개됩니다. 조폭 수사 중인지 착각하게 만드는 사건입니다.

슬픈 날

이명박 대통령은 올해도 5.18 기념식에 불참합니다. 대신 총리와 대선 주자들이 대거 몰려와 참배하는 장면을 보여줍니다.
이명박 대통령도 대선 후보 시절엔 묘역을 찾아와 참배했었지요.

난쟁이들

박근혜 전 새누리당 비상대책위원장의 원로 모임으로 알려진 '7인회'가 구설수에 오릅니다. 또한 모임을 구성하는 인사들이 죄다 군사정권 시절 활약했던 사람들이라는 사실이 국민들의 반감을 불러일으키고 있습니다.

종북은 아무나 하나

통합진보당의 비례대표 경선 부정 사건이 당권파의 종북 논란으로 번지고, 이를 호재로 삼아 새누리당은 전방위적인 종북 공세를 멈추지 않고 있습니다. 그러나 집권 세력도 과거 행적을 조금만 살펴보면 그렇게 큰소리칠 처지는 아닙니다.

어떠냐

경선 부정 사태와 함께 종북 논란에 휩싸인 통합진보당의 당권파 이석기 의원과 김재연 의원은 당 내외의 압력에도 불구하고 의원직 사퇴를 거부합니다. 목적 달성을 위해 수단과 방법을 가리지 않는 방식은 빨갱이 소탕만 외치면 무엇이든 용서가 되는 집권 세력의 통치 코드입니다.

잠자는 공주

보수층의 대대적인 종북 공세가 펼쳐지고 있는 가운데 이번에는 민주통합당 임수경 의원이 탈북자에게 변절자라며 욕설을 한 사실이 드러나 불난 집에 기름을 붓습니다. '종북'으로 불타는 야권의 처참한 몰골을 보며 대선 주자 1위 공주님은 오늘도 단잠을 이룹니다.

국가관

통합진보당 비례대표 부정 경선 사태를 시작으로 이들에 대한 대북관 검증 요구가 나오더니 급기야 국가관 논쟁이 터져 나오는 상황에 이릅니다. 대한민국의 국가 정체성을 훼손하는 분들이 특히 국가관 검증을 강조하는 현실입니다.

참 쉬운 세상

전 재산이 29만 원이라는 전두환 전 대통령의 손녀가 억대의 초호화 결혼식을 올려 화제가 되고 있습니다.
재산도 없고 철학도 없는 분들이 호화로운 생활과 권력을 유지하는 기적의 나라입니다.

마르고 닳도록

통합진보당 이석기 의원이 "애국가는 국가가 아니다"고 한 사실이 알려져 파문을 일으킵니다. 애국가에 대한 논쟁은 곧바로 종북 논란으로 번지고 매카시즘을 밑천으로 정치권력을 유지하는 분들의 자양분으로 탈바꿈됩니다. 마르고 닳도록 기득권을 유지하는 방식입니다.

주폭

경찰이 대대적으로 주폭(주취 폭력)과의 전쟁을 대대적으로 벌이고 있습니다.
술에 취한 사람보다 무서운 것은 권력에 취해 이성을 잃은 세력입니다.

역진화론

'시조새는 파충류와 조류의 중간 종이 아니다'라는 교과서진화론개정추진위원회(교진추)의 교과서 개정 요청으로 고등학교 과학 교과서에서 시조새 관련 부분이 퇴출되는 등 진화론에 대한 공격이 거셉니다. 하긴 지금 대한민국의 모습을 보면 진화론보다 역진화론이 설득력을 발휘하고 있습니다.

여기가 북인지 남인지

불법 사찰, 내곡동 사저 의혹, 디도스 사건, BBK 가짜 편지 의혹 사건 등이 줄줄이 면죄부를 받습니다. MBC는 〈PD수첩〉의 최승호 PD 등을 포함한 미운털 박힌 언론인들을 무더기 징계 처분합니다. 위대하신 각하를 향한 충성심이 하늘에 떠있는 태양보다 더욱 뜨겁게 타오르고 있습니다. 국민들은 속이 탈 뿐입니다.

계층구조

대한민국의 인구가 5,000만 명을 돌파했다는 소식입니다..
5,000만이라는 수의 사람들은 지금 어떤 모양을 이루며 살아가고 있습니까?

변화

이명박 정부 5년 간 향상된 것은 국민들의 인내심입니다.
어떤 충격과 공포도 너그럽게 웃어넘길 지경이 되었습니다.

공주님이 너무해

침묵으로 일관하고 불통을 소신이라고 합니다.
내가 결정하면 모든 것이 끝이라는 발상이 유신 독재를 떠올립니다.

박근혜 특집

전진과 후진

2011년 2월 15일

으뜸언어상

2011년 2월 19일

밀어붙여

2012년 2월 9일

전진과 후진

이집트의 독재자 무바라크가 시민혁명에 의해 퇴진하는 장면은 한국의 4.19와 6.10 민주 항쟁의 기억을 떠올립니다. 지금의 한국은 과거의 어떤 기억을 떠올리게 합니까.

으뜸언어상

국회의원 연구 단체인 '일치를 위한 정치 포럼'은 한나라당 박근혜 전 대표에게 '으뜸언어상'을 수여합니다. "대입 시험에서 국사를 영어로 치러야 한다", "구제역 가축 매몰지에서 나오는 침출수는 비료로 쓰면 된다" 등의 주옥 같은 말씀들의 경쟁을 물리치고 수상한 것입니다.

밀어붙여

새누리당 박근혜 비대위원장의 화법이 화제입니다. 절제된 억양과 간단명료한 표현으로 다른 의원들의 반론을 묵살해버리고 민주적 토론을 거부합니다. 새롭고 파격적인 당명에 어울리지 않게 군사독재 시절의 복고풍을 추구하는 듯합니다.

4컷인 이유

왜 하필 4컷이죠? / 이 세상은 4가지로 이루어져있기 때문입니다

우리가 겪는 계절은 봄,여름,가을,겨울 4계절이고

우리가 사는 공간은 동,서,남,북 4방위로 구분되며

우리가 먹는 밥은 아침,점심,저녁,야식 4끼이기 때문에… / 전혀 설득력이 없군

변화

과거엔 신문으로만 볼 수 있었던 시사만화를

컴퓨터 화면으로도 볼 수 있고

스마트폰으로도 볼 수 있는 세상이 되었습니다

많은 독자들이 찾아 볼수록 작가도 힘이 납니다 / 라면만 먹어도 힘이 납니다 / 쥐꼬리 수입은 변화없음

나는 99%다
박순찬 지음

초판 1쇄 인쇄일 2012년 8월 6일
초판 3쇄 발행일 2014년 10월 17일

발행인 | 한상준
기획 | 임병희
편집 | 김민정 박민지
디자인 | 김경년
마케팅 | 박신용
종이 | 화인페이퍼
출력 | 경운출력
인쇄 · 제본 | 영신사

발행처 | 비아북(ViaBook Publisher)
출판등록 | 제313-2007-218호(2007년 11월 2일)
주소 | 서울시 마포구 연남동 567-40 2층
전화 | 02-334-6123 팩스 | 02-334-6126 전자우편 | crm@viabook.kr 홈페이지 | viabook.kr

ⓒ 박순찬, 2012
ISBN 978-89-93642-44-5 03300